Petra Regelin/Petra Mommert-Jauch

Nordic Walking
Aber richtig!

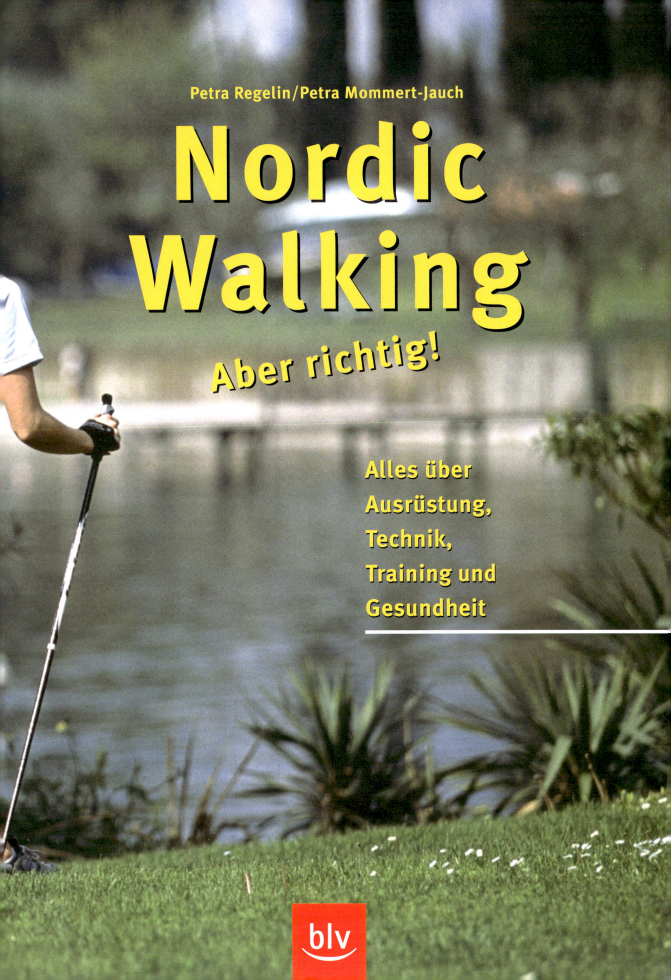

Petra Regelin / Petra Mommert-Jauch

Nordic Walking
Aber richtig!

Alles über Ausrüstung, Technik, Training und Gesundheit

blv

Der Mega-Trend 9

Die Geheimnisse des Nordic Walking 9
Wellness pur 9
Für wen ist Nordic Walking geeignet? 10
Zur Entwicklung des Nordic Walking 11

Was bringt Nordic Walking? 13

Die Wirkungen 13
Anti-Aging 18

Die richtige Technik   21

Ein häufig gesehenes Bild	21
Nordic Walking in Zeitlupe	22
Die Gehschule nach Petra Mommert-Jauch	25
Wie fange ich an?	31
Tipps fürs Gelände	33
Die Technik im Zeitraffer	34

Die Ausrüstung   39

Die Stöcke	39
Welche Schuhe?	43
Die optimale Sportkleidung	45
Noch mehr Zubehör	46

Das Training 49

Der Risiko-Check vor Trainingsbeginn	49
Die Trainingssteuerung	50
Das subjektive Anstrengungsempfinden	52
Fatburning	53
Power-Training: Fitness- und Leistungssteigerung mit Nordic Walking	62
Gesundheitsförderung mit Nordic Walking	67
Nordic Walking – der Kick für mehr Entspannung und Energie	74
Active now!	83
Dehnen und Stretchen	95
Muskeltraining	106

Nordic Walking mit Handicap 113

Nordic Walking mit orthopädischen Problemen	113
Nordic Walking für Rheumatiker	119
Nordic Walking bei Arthrose	119
Nordic Walking bei chronisch entzündlichen Erkrankungen	120
Nordic Walking bei Stoffwechselerkrankungen	120
Nordic Walking bei Fibromyalgie	120
Nordic Walking mit internistischen Problemen	120
Nordic Walking bei Unsicherheiten im Gang	122
Schwanger? Machen Sie sich fit für Ihr Baby!	123

Der Mega-Trend

Sie suchen einen Sport, der Herz, Kreislauf und Muskeln intensiv trainiert, ohne zu überfordern? Sie wollen sich unabhängig von festgelegten Terminen bewegen? Sie wollen einen sanften Wohlfühl-Sport, bei dem Sie sich perfekt entspannen und mit neuer Energie aufladen können? All das und viel mehr bietet Ihnen Nordic Walking. Egal, ob Sie Sportanfänger oder fortgeschritten sind, ob Sie gezielt Fett verbrennen wollen, ob Sie gesundheitliche Probleme haben, übergewichtig sind oder schwanger – Nordic Walking ist das richtige Training für Sie.

Die Geheimnisse des Nordic Walking

Um auf Dauer fit, gesund und vital zu bleiben, sollten Sie Ihre Ausdauer und Ihre Muskeln trainieren. Auch für Fettverbrennung und Body-forming ist die Kombination von Ausdauer- und Muskeltraining ideal. Leider fördern die meisten Sportarten entweder das eine oder das andere. Jogging und Walking trainieren die Ausdauer, das Gerätetraining im Fitness-Studio oder die Bauch-Beine-Po-Kurse im Sportverein die Muskeln. Nordic Walking kann beides: Das schwungvolle Gehen trainiert die Ausdauer und durch den Stockeinsatz werden gleichzeitig Ihre Muskeln optimal gekräftigt. Absolut perfekt!

Ein weiterer Vorteil: Sie trainieren nicht nur einzelne Muskelgruppen, sondern den ganzen Körper. Beim Nordic Walking sind fast alle Muskeln im Einsatz (bis zu 90 Prozent), viel mehr als beim Radfahren, beim Walken oder bei der Rückengymnastik. Während des schwungvollen, dynamischen Gehens trainieren Sie Beine, Po und Hüfte. Durch den Stockeinsatz kommt die Kräftigung des gesamten Oberkörpers hinzu – Arme, Schultern, Brust- und Rückenmuskulatur. Es gibt kaum eine andere Sportart, die das bieten kann! Und noch etwas: Beim Nordic Walking verbrennen Sie jede Menge Kalorien. Im Vergleich zum Walken ohne Stöcke steigt der Kalorienverbrauch um bis zu 20 Prozent.

Wellness pur

Wellness – das heißt dem Stress und dem Alltag entfliehen, neue Kräfte sammeln, sich verwöhnen und die Batterien wieder aufladen. Zeit für sich selbst, Körper, Kopf und Seele etwas Gutes tun. Nordic Walking ist optimal, wenn Sie den Stress des Alltags hinter sich lassen und neue Energie tanken wollen. Die sanfte, immer gleiche Bewegung an der frischen Luft entspannt Kopf und Körper. Sie kommen wieder zu sich, füllen Ihren Körper mit frischem Sauerstoff und können spüren, wie Kraft und Energie wiederkommen. Nordic Walking ist ideal, wenn Sie gesundheitlich nicht mehr ganz so fit sind. Der Stockeinsatz entlastet Rücken und Gelenke pro Schritt auf geradem Untergrund um 5 Kilogramm. Das sind pro Gehstunde insgesamt 13 Tonnen Last, die Ihrem Körper abgenommen werden.

Für wen ist Nordic Walking geeignet?

Nordic Walking ist eine der wenigen Sportarten, die fast jeder machen kann, egal ob Anfänger oder fortgeschrittener Sportler. Wenn Sie zu einer der hier aufgeführten Zielgruppen gehören, dann ist Nordic Walking für Sie der richtige Sport.

Der Anfänger
Sie haben bisher mit Sport nicht viel im Sinn gehabt. Es war einfach nicht Ihr Ding, sich mit anderen zu messen, in miefigen Turnhallen die Beine zu schwingen oder auf dem Sportplatz im Kreis zu rennen. Vielleicht spüren Sie aber mit der Zeit, dass die körperliche Inaktivität auch Nachteile hat: Schnell ein paar Treppenstufen hochlaufen, der Straßenbahn hinterher sprinten, all das fällt Ihnen immer schwerer. Außerdem schmerzt der Rücken beim langen Sitzen und die Knie sind auch nicht mehr das, was sie einmal waren.
Jetzt wird es Zeit, etwas zu ändern. Nordic Walking ist optimal, wenn Sie beginnen wollen, sportlich aktiv zu sein: Es ist sanft und schont Rücken und Gelenke. Sie überfordern sich nicht und müssen sich auch mit niemandem messen, wenn Sie dazu keine Lust haben.

Der Fortgeschrittene
Beim Nordic Walking können Sie Tempo und Intensität selbstständig variieren. Sind Sie gut drauf, steigern Sie Ihr Tempo und walken kraftvoller. Sind Sie eher schlapp, trainieren Sie einfach moderater – alles ist möglich. Außerdem können Sie mit speziellen Power-Techniken Ihr Training zusätzlich intensivieren.

Der Vielseitige
Sie treiben schon seit einiger Zeit Sport und halten sich regelmäßig fit. Sie haben schon einiges ausprobiert, sind aber noch auf der Suche nach einer Sportart, die vielseitig genug ist und sowohl Ausdauer als auch Muskelkraft trainiert. Dann ist Nordic Walking genau richtig: Es trainiert den ganzen Körper – mit maximalen Effekten.

Der Gestresste
Sie sind ständig in Stress und Hektik und suchen einen Ausgleich zu Ihrem aufreibenden Alltag? Nordic Walking bietet Entspannung und Stressreduktion.

Der Verspannte
Sie fühlen sich verspannt? Der Rücken schmerzt, der Nacken ist steif, die Schultern sind unbeweglich? Nordic Walking ist ein sanfter Fitmacher, der dafür sorgt, dass Ihre Muskeln optimal durchblutet werden. Sie werden wieder geschmeidig und Verspannungen lösen sich dabei manchmal wie von selbst.

Die werdende Mutter
Sie sind schwanger und auf der Suche nach einem Sport, der Sie in dieser Zeit fit hält? Natürlich wollen Sie kein Risiko eingehen und sich selbst und dem Baby auf keinen Fall schaden. Nordic Walking ist ein optimaler Schwangerschaftssport, schonend für Mutter und Kind und trotzdem äußerst effektiv.

Der Figurbewusste
Sie tragen ein paar Pfund zu viel mit sich herum und treiben Sport vor allem, um gezielt Ihr Gewicht zu reduzieren. Mit Nordic Walking kann das funktionieren. Ab Seite 53 verraten wir Ihnen wie.

Der Genussmensch
Sie lieben das Leben und wollen es in vollen Zügen genießen. Dazu gehört Bewegung, die dem Körper gut tut, die Seele beflügelt und dem Kopf Freiraum lässt. Nordic Walking bläst Ihnen frischen Wind um die Ohren und lässt Sie tief durchatmen. Perfekt, um sich wohl zu fühlen und die Bewegung zu genießen!

Der Sportler mit Gelenkproblemen
Auch Menschen, die Probleme in Fuß-, Knie- oder Hüftgelenken haben, können Nordic Walking betreiben. Durch den Stockeinsatz werden die Gelenke sanft belastet, aber nicht überlastet. Das sind

optimale Voraussetzungen für die Ernährung des Knorpels.

Der Sportler mit Herz- oder Kreislaufproblemen

Viele Menschen, die Herz- oder Kreislaufprobleme haben, können Nordic Walking machen. Ab Seite 120 lesen Sie, für wen der Sport besonders geeignet ist und wer sich besser beim Arzt vorher durchchecken lassen sollte.

Der ältere Mensch

Es gibt kaum eine bessere Sportart für ältere Menschen als Nordic Walking. Sie ist leicht zu erlernen, trainiert den ganzen Körper, ohne zu überlasten und hält fit, gesund und jung. Bei regelmäßigem Training können Sie damit Alterungsprozesse verlangsamen, zeitweise sogar stoppen.

Zur Entwicklung des Nordic Walking

Nordic Walking hat sich aus einer Variante des Sommertrainings der Skilangläufer entwickelt: Bereits in den 1950er-Jahren nutzten die Leistungssportler auch im Sommer ihre Skistöcke, um damit Geh-, Lauf- und Sprungtechniken zu üben. Im Laufe der Zeit bemerkten auch Freizeitsportler das Potenzial, das in den Stöcken steckt: Bergauf-Wandern fällt leichter, weil man sich mit den Stöcken vom Boden abdrücken kann und Bergabgehen ist weniger belastend für die Gelenke, weil die Stöcke einen Teil des Drucks abfedern. Anfangs jedoch waren die Stöcke nicht optimal für den neuen Sport: Die normalen Langlauf-Stöcke waren zu lang und übertrugen die Vibrationen, die beim Aufsetzen auf den Boden entstanden, direkt auf die Gelenke. Als die Sportartikelindustrie Stöcke schuf, die sich ideal für das Walken – bergauf, bergab und in der Ebene – eigneten, setzte sich die Sportart Nordic Walking durch. In Finnland ist Nordic Walking eine der beliebtesten Sportarten, dort walken weit über eine Million Menschen mit den Spezialstöcken. Nach und nach breitete sich der neue Trend über Skandinavien und die USA aus und hat nun auch Mitteleuropa erreicht. In Deutschland, Österreich und der Schweiz wird Nordic Walking in Touristengebieten und Kurorten von Hotels und Kliniken angeboten. Auch Vereine bieten Nordic-Walking-Gruppen, Kurse oder Treffs an.

Ruhepausen in der Natur – Entspannung pur.

Was bringt Nordic Walking?

Nordic Walking erfreut sich immer größerer Beliebtheit.
Im Frühjahr 1997 wurde die Sportart in Finnland vorgestellt,
heute wandern dort weit über eine Million Menschen mit den neu
entwickelten Stöcken. Ganz Skandinavien ist vom Nordic-Walking-Virus
befallen. Auch in Deutschland, in der Schweiz und in Österreich schießen
Nordic-Walking-Schulen und Kurse wie Pilze aus dem Boden. Was ist dran an
diesem Fitness-Trend? Was ist das Geheimnis dieses Gesundheitssports, dass
er so viele Menschen motiviert, zu Stöcken zu greifen und loszuwandern?

Stöcke – warum?

Der Ausdauersport Walking ist bekannt. Überall begegnen uns die sportlichen Geher: in Parks, auf Wald- und Feldwegen und auch auf den Gehwegen entlang viel befahrener Straßen. Einen Walker zu treffen – das ist nichts Besonderes mehr. Aber Walking mit Stöcken? Das sieht ein bisschen aus wie Skilanglauf ohne Ski. Oder wie eine Mischung aus Skilanglauf, Walking und Bergwandern. Warum setzen immer mehr Walker Stöcke ein? Nicht nur in den Bergen, wenn es steil bergauf und dann wieder lange bergab geht – sondern auch in flachen Gegenden. In Hamburg, in Berlin, in Dresden?

Mit Armschwung und viel Power

Aber es ist nicht nur die Entlastung für Wirbelsäule und Gelenke, die Nordic Walking so beliebt macht. Der Stockeinsatz bringt weitere Vorteile: Durch den aktiven Einsatz der Arme wird Nordic Walking zu einem Ganzkörpertraining. Sie trainieren nicht nur – wie beim Walking – vorrangig Beine und Po, sondern zusätzlich den Oberkörper. Arm-, Schulter- und Rückenmuskeln sind aktiv – das bringt jede Menge Zusatzeffekte für Fitness und Gesundheit.

Und – Nordic Walking fühlt sich anders an, schwungvoller. Der aktive Stockeinsatz fördert die Aufrichtung des gesamten Körpers. Das wirkt sofort auf Körpergefühl und Psyche: Sie fühlen sich »aufgerichtet«, voller Schwung und Energie. Wenn Sie die Technik erst einmal beherrschen, wird Ihnen diese harmonische Bewegung möglicherweise besser gefallen als das Walken ohne Stöcke.

Die Wirkungen

Herz und Kreislauf in Schwung

Wenn Sie regelmäßig Nordic Walking machen, können Herz und Kreislauf auf Dauer ökonomischer arbeiten. Sie erreichen mit einem geringeren Arbeitsaufwand den gleichen Effekt.
Beispielsweise sinkt die Herzfrequenz in Ruhe ab. Das trainierte Herz braucht weniger Schläge, um die gleiche Menge Blut durch den Körper zu pumpen. Weil das Herz kräftiger schlägt, erhöht sich sogar die Blutmenge, die pro Zeiteinheit in das Blutgefäßsystem gelangt. Der gesamte Körper wird besser mit Sauerstoff durchflutet. Wenn Herz und

Info

Fakten, Fakten, Fakten...

Untersuchungen zeigen, dass der Stockeinsatz beim Gehen in der Ebene die Last des Körpers auf die Beine und auf die Wirbelsäule in der Minute 45-mal um jeweils 5 Kilogramm entlastet. Das sind in einer Stunde 2700-mal 5 Kilogramm weniger Belastung. Pro Gehstunde auf geradem Untergrund werden unserem Körper 13 Tonnen (!) Last abgenommen. Beim Bergauf- oder Bergabgehen sind es noch mehr: Wenn Sie mit Stöcken bergauf steigen, ersparen Sie Ihrer Wirbelsäule und Ihren Gelenken 28 Tonnen Belastung. Beim Bergabgehen sind es sogar 34 Tonnen.

Kreislauf ökonomischer arbeiten können, sind sie besser vor Erkrankungen geschützt. Herz-Kreislauf-Training ist die beste Prävention von Herzinfarkt und Schlaganfall. Studien belegen, dass regelmäßiger Ausdauersport die Wahrscheinlichkeit, eine Herz-Kreislauf-Erkrankung zu erleiden, erheblich senkt.

Auch die Muskeln arbeiten ökonomischer. Der Austausch von Stoffwechselprodukten im Muskel (frischer Sauerstoff hinein, durch die Belastung im Muskel anfallende Abfallprodukte hinaus) läuft besser und schneller. Der Grund: Die Kapillaren, das sind winzig kleine Blutgefäße im Muskel, die die Schnittstelle vom arteriellen zum venösen System bilden, werden breiter. Außerdem kann ein ausdauertrainierter Sportler eine größere Anzahl seiner vorhandenen Kapillaren nutzen als ein Nichttrainierter. Möglicherweise werden sogar neue Kapillaren gebildet. Die Folge: In kürzerer Zeit wird mehr Sauerstoff direkt zu den arbeitenden Muskeln transportiert. Eine gute Nachricht für Menschen, die unter Bluthochdruck leiden: In wissenschaftlichen Untersuchungen konnte nachgewiesen werden, dass regelmäßiger Ausdauersport den Blutdruck senkt. Manchmal werden dadurch sogar blutdrucksenkende Medikamente unnötig.

Ausdauertraining hat noch einen weiteren Nutzen für Leistungsfähigkeit und Gesundheit. Nachgewiesenermaßen steigt bei regelmäßigem Training die Anzahl der Mitochondrien im Blut. Das sind die Kraftwerke der Zelle. Hier wird unter Hinzuziehung von Sauerstoff Energie gewonnen. Energie, die wir brauchen zum Leben, zum Arbeiten, zum Sport. Wer regelmäßig Nordic Walking macht, kann seine Energien schneller mobilisieren. Und – er hat insgesamt einfach mehr Energie zur Verfügung. Wenn Sie Nordic Walking betreiben, werden Sie leistungsfähiger und belastbarer. Sie fühlen sich vitaler und frischer und sind nicht so schnell erschöpft.

Starke Muskeln

Muskeln wollen gefordert und gepflegt werden. Nur dann halten Sie den Körper gesund und tragen zu einer guten Figur bei. Ab dem 30. Lebensjahr baut der Körper kontinuierlich Muskelmasse ab und lagert stattdessen Fett ein – pro Lebensjahrzehnt mindestens 3 Kilogramm. Meistens ist es noch mehr. Dieser Verlust an Muskelmasse führt dazu, dass der Körper mit der Zeit immer mehr an Festigkeit und Kontur verliert. Das Gewebe wird schlaffer, die Haut faltiger, die Rundungen üppiger. Bei Frauen kann Zellulite, also Fett, das sich in dicken Trauben gegen die Haut nach oben drückt, eine mögliche Folge sein. Regelmäßiges Muskeltraining verlangsamt den Verlust an Muskelmasse, kann ihn unter Umständen sogar ganz zum Stoppen bringen. Wenn Sie Ihre Muskeln regelmäßig aktivieren, regen Sie den Muskelstoffwechsel an, festigen Ihr Bindegewebe und glätten die darüber liegende Haut. Das ist das wirkungsvollste Mittel gegen Zellulite.

Muskeln sind die »Brennöfen« Ihres Körpers, hier wird Energie verbrannt. Je mehr Muskelmasse Sie haben, je mehr Brennöfen Ihnen also zur Verfügung stehen, desto mehr Energie wird verbraucht. Und das nicht nur während des Trainings, sondern auch im Alltag, beim Sitzen, beim Essen, beim Schlafen.

Mit Nordic Walking trainieren Sie alle wichtigen Muskeln Ihres Körpers.

Muskeln

Die Muskeln dieser Körperteile werden beim Nordic Walking besonders intensiv trainiert:

Oberschenkel	**Po und Hüfte**
Waden	**Rücken**
Brust	**Schultern**
Arme	

Muskeltraining ist wichtig für die Gesunderhaltung. Ohne eine gut ausgeprägte Muskulatur, die uns stützt und aufrecht hält, sackt der Oberkörper in sich zusammen, die Schultern fallen nach vorne und der Rücken wird rund. Dadurch werden Wirbelsäule und Gelenke ungesund belastet.

Doch nicht jedes Muskeltraining ist für Gesundheit und Figur sinnvoll. Wie sollte ein Muskeltraining durchgeführt werden, damit sowohl die Gesundheit als auch die Figur davon profitieren? Sportwissenschaftler haben herausgefunden, dass Muskeltraining gut funktioniert, wenn die Muskeln sanft, aber regelmäßig gestärkt werden. Für Fitness und Gesunderhaltung reicht es völlig aus, wenn Sie Ihre Muskeln – wie bei einem richtig dosierten Nordic-Walking-Training mit mittlerer Intensität trainieren. Sie sollten das Gefühl haben, dass Sie sich mittelschwer belasten, dann ist der Trainingsreiz für Ihren Muskelaufbau optimal. Reicht Ihnen der Muskelaufbau, den Sie beim Nordic Walking automatisch haben, nicht aus? Ab Seite 106 stellen wir Ihnen Kräftigungsübungen vor, die Sie problemlos in Ihr Nordic-Walking-Programm integrieren können. Die Kombination aus Walking mit Stockeinsatz und Kräftigungsübungen trägt effektiv zum Muskelaufbau bei.

Bewegliche Gelenke

Nordic Walking ist ein tolles Gelenktraining. Hüft-, Knie- und Fußgelenke werden sanft belastet, aber nicht überlastet. Das sind optimale Voraussetzungen für die Ernährung des Knorpels und die Bildung von Gelenkflüssigkeit. Die Gelenke bleiben fit, beweglich und leistungsfähig.

Innerhalb eines Gelenks treffen zwei Knochen aufeinander. Damit sie sich nicht gegenseitig abreiben, werden sie durch eine Knorpelschicht geschützt. Der Knorpel ist für die Gesunderhaltung des Gelenkes von großer Bedeutung: Er gleicht nämlich Druckbelastungen auf das Gelenk aus und bildet die Gelenkflüssigkeit, die das Gelenk gesund und beweglich hält. Der Knorpel braucht Bewegung: Ein ständiger Wechsel von Be- und Entlastung, eine gleichmäßige und sanfte Druckbelastung sorgen für eine gute Ernährung des Knorpels und halten ihn lange fit und leistungsfähig.

Nordic Walking können Sie gezielt einsetzen, um eine Arthrose zu verhindern. Der Grund: Der Knorpel wird belastbarer. Und das schützt ihn vor Abnutzungserscheinungen. Außerdem brauchen die Zellen Sauerstoff, Aminosäuren und Glukose, um Knorpelsubstanz zu regenerieren. Nur durch Bewegung können diese Stoffe auch zu den Gelenken gelangen.

Auch Menschen mit Gelenkproblemen können Nordic Walking machen. Näheres dazu ab Seite 113.

Gutes für den Rücken

Nordic Walking kann dazu beitragen, Rückenproblemen vorzubeugen. Denn: Unsere Wirbelsäule braucht Bewegung. Die Bandscheiben, die als Puffer zwischen den einzelnen Wirbelkörpern liegen, werden nicht über Blutgefäße ernährt. Sie

Bei richtiger Ausführung kann Nordic Walking den Rücken entlasten.

benötigen den Wechsel von Be- und Entlastung, damit frische Nährstoffe in die Bandscheiben hineintransportiert werden können und verbrauchte Stoffe hinauskommen. Wer sich zu wenig bewegt, hat schlecht ernährte Bandscheiben. Und die werden viel schneller brüchig und porös. Außerdem nutzen sie schneller ab. Die möglichen Folgen: Rückenschmerzen, Hexenschuss, Bandscheibenvorfall. Die Bewegungen des Nordic Walking wirken vorbeugend, denn die Bandscheiben werden durch die regelmäßig wechselnde Belastung im Becken optimal »durchsaftet«. Wenn Sie beim Walken auf eine gute Haltung achten, ist diese Druckbelastung ein optimaler Reiz zur Ernährung und Regeneration der Bandscheiben.

Kick für das Immunsystem

Sanfter Ausdauersport stärkt die körpereigenen Abwehrkräfte. Die Anzahl der Immunzellen nimmt zu, gleichzeitig steigt ihre Funktionsfähigkeit. Dadurch kann das Immunsystem schneller auf eindringende Keime reagieren. Die Effekte sind umso größer, wenn ausreichend Regenerationszeiten eingehalten werden. Studien weisen darauf hin, dass Menschen, die regelmäßig sanften Sport betreiben, seltener an Krebs erkranken als Inaktive. Das hängt unter anderem damit zusammen, dass sich die Fähigkeit des Immunsystems zwischen »eigenen« und »fremden« Zellen zu unterscheiden, verbessert. Außerdem werden Natürliche Killerzellen mobilisiert. Sie sind dazu in der Lage, Tumoren im Frühstadium anzugreifen und zu eliminieren.

Wenn Sie allerdings zu intensiv trainieren, erreichen Sie das Gegenteil – das Immunsystem wird geschwächt. Die Infekte häufen sich. Besonders gefährdet sind Sie, wenn großer psychischer Stress mit einer zu hohen körperlichen Belastung gepaart wird. Dann zieht der Körper oft die Notbremse. Diese Konstellation ist besonders ungünstig für das Immunsystem.

Im Alter sinkt die Funktionsfähigkeit des Immunsystems. Viele ältere Menschen entwickeln bei Infekten kein Fieber. Das führt häufig zu einer verzögerten Diagnose und zu schweren Krankheitsverläufen. Auch chronische Infektionen mehren sich. Der Grund: Die Immunzellen werden träge. Sie reagieren langsamer und erst mit Verzögerung auf die eindringenden Keime. Wissenschaftliche Studien belegen, dass moderates Ausdauertraining die altersbedingten Veränderungen des Immunsystems aufhält. Allerdings ist nur ein langfristiges Training effektiv. Sie sollten also auf Dauer dabeibleiben, um die Leistungsfähigkeit Ihres Immunsystems auch im Alter zu erhalten.

Freie Radikale

Freie Radikale sind instabile Sauerstoffmoleküle. Sie entstehen bei der Oxidation von Sauerstoff in den Mitochondrien. Freie Radikale können die Erbsubstanz (DNS) zerstören. Der Körper hat Abwehrmechanismen entwickelt – körpereigene Antioxidanzien –, um auftretende Radikale abzubauen. Durch die UV-Strahlung des Sonnenlichtes, durch Zigarettenrauch und Schadstoffe in der Luft werden jedoch verstärkt freie Radikale gebildet. Oftmals ist der Körper selbst nicht mehr in der Lage, diese allein abzubauen. Nachgewiesen ist, dass Ausdauertraining zu einem verbesserten Schutz vor reaktivem Sauerstoff führt. Es werden verstärkt körpereigene Antioxidanzien gebildet.

Knochenfestiger

Osteoporose – das ist eine Skelettkrankheit, die durch Entkalkung des Knochens zur Abnahme der Knochenmasse, zur Ausdünnung der Knochenstruktur und dadurch zu vermehrter Knochenbrüchigkeit führt. Im Zuge des Älterwerdens verringert sich die Knochenmasse. Bei 60-jährigen Frauen liegt sie bei 65 Prozent des Ausgangswertes, bei gleichaltrigen Männern bei 75 Prozent. Besonders stark betroffen von der Entkalkung sind die Beine und die Wirbelsäule. Je stärker sie voranschreitet, um so höher ist das Risiko, einen Knochenbruch zu erleiden. Im Alter von 50 bis 70 Jahren erkranken etwa 20 Prozent der Frauen und 3 Prozent der Männer an Osteoporose. Bei den über 70-Jährigen sind es fast 60 Prozent der Frauen und 20 Prozent der Männer. Wissenschaftliche Untersuchungen zeigen, dass zwischen Inaktivität und Osteoporose ein starker Zusammenhang besteht. Regelmäßige, sanfte Druck- und Gewichtsbelastungen auf die Knochen wie beim Nordic Walking regen die Knochen bildenden Zellen an und wirken damit präventiv gegen Osteoporose.

Aktiv gegen Verspannungen

Unsere Muskeln leisten Tag für Tag Schwerstarbeit: Sie sorgen dafür, dass wir uns aufrecht halten und frei bewegen können. Das funktioniert, weil sie sich zusammenziehen und wieder strecken können. Wenn Muskelkraft eingesetzt wird, kontrahiert der arbeitende Muskel – er zieht sich zusammen. So zieht sich zum Beispiel beim Beugen des Arms der Bizeps am vorderen Oberarm zusammen. Gleichzeitig wird der »Gegenspieler« des Bizeps, der Trizeps, an der Armrückseite gedehnt. Dieses perfekte Zusammenspiel wird gestört, wenn Muskeln regelmäßig überbeansprucht, einseitig belastet oder zu wenig trainiert werden. Einige Muskeln (und auch das Bindegewebe) verkürzen sich dann chronisch, andere werden immer schwächer. Verkürzte Muskeln verhärten, verlieren an Geschmeidigkeit und Elastizität. Auch die Blutzufuhr funktioniert nicht mehr optimal. Wenn wir unseren Körper über viele Jahre falsch oder einseitig belasten, etwa beim Sitzen mit rundem Rücken, dann hat das fatale Folgen: Das Bindegewebe rund um die Muskeln verkürzt sich chronisch. Die Gelenke verlieren an Flexibilität. Der ganze Körper verformt sich ungesund. Dabei ist es gar nicht so schwer, diesen Teufelskreis zu durchbrechen. Wenn Sie regelmäßig die wichtigsten Muskeln des Körpers sanft trainieren und die Durchblutung der Muskeln dabei anregen, lösen sich Verspannungen oft von ganz allein wieder. Die Muskeln und das umliegende Gewebe werden optimal mit Sauerstoff versorgt und das erfrischt Körper und Geist. Wenn Sie regelmäßig Nordic Walking betreiben, bringen Sie so blockierte Energien wieder in Fluss. Sie fühlen sich freier, stärker, schwungvoller. Dabei hat Nordic Walking einen großen Vorteil gegenüber anderen Ausdauersportarten: Durch den aktiven Stockeinsatz werden nicht nur die Beine und der Rumpf, sondern auch Schultern, Arme und Rückenmuskeln ganz besonders aktiviert. Auch der sensible und für Verspannungen anfällige Schulter-Nacken-Bereich wird durch das sanfte Training optimal durchblutet und mit Sauerstoff versorgt. Dadurch lösen sich Verspannungen im Nacken und im Schulter-Arm-Bereich häufig von ganz allein. Schon nach kurzer Zeit spüren Sie, dass die Schmerzen nachlassen und Verspannungen sich lösen.

Energie-Push für Kopf und Körper

Bewegung ist eines der wichtigsten Bedürfnisse des Körpers. Ihr Body nimmt Ihnen übel, wenn Sie stundenlang in einer gleich bleibenden Position verharren. Langes Sitzen, egal ob im Büro, im Auto, auf der Wohnzimmer-Couch oder manchmal sogar auf dem Fahrrad – Ihr Körper reagiert garantiert mit verspannten Rückenmuskeln, einem schmerzenden Nacken, Nervosität und Müdigkeit. Der Geist wird träge, die Stimmung sinkt. Dann brauchen Sie einen Energie-Push. Eine Ganzkörpergewegung bringt Sie wieder in Schwung. Nehmen Sie Ihre Stöcke und walken Sie los. Sie werden spüren, wie gut es tut, wenn Kopf und Körper wieder mit frischem Sauerstoff durchflutet werden.

Stressabbau

Wenn Sie ständig unter Druck stehen, nur noch gereizt reagieren oder einfach erschöpft sind, brauchen Sie ein Fitness-Training, das Ihnen hilft, Kopf und Körper wieder in Balance zu bringen. Durch permanenten Zeitdruck und Hetze, durch psychischen Stress und zu wenig Entspannungsmomente im Alltag können sich die Muskeln so verhärten, dass Durchblutung und Sauerstoffversorgung ins Stocken geraten. Beim Nordic Walking werden alle Muskeln des Körpers gut mit Blut versorgt. Das macht sie wieder weich und geschmeidig. Wer sich regelmäßig bewegt, fühlt sich von Tag zu Tag besser, entspannter, ausgeglichener. Sportwissenschaftler haben nachgewiesen, dass langfristig auch die Fähigkeit steigt, in Stresssituationen gelassener zu bleiben. Nordic Walking ist zum Ausgleich von Alltagsstress und zur Entspannung besonders gut geeignet. Während der fließenden, sanften Bewegungen an der frischen Luft und der tiefen und gleichmäßigen Atmung bekommt der ganze Körper frischen Sauerstoff – das Gehirn, die Muskeln, alle Organe. Das entspannt sofort, der Kopf wird frei. Hinzu kommt, dass Nordic Walking ganz schnell zu erlernen ist. Sie brauchen sich nicht zu konzentrieren, es entsteht kein Leistungsdruck. Alles läuft ganz automatisch und fast wie von allein – eine gute Voraussetzung, um abzuschalten, den Alltag hinter sich zu lassen und einfach wieder zur Besinnung zu kommen.

Anti-Aging

Die Natur ist unerbittlich: Bereits ab dem 30. Lebensjahr verändert sich unser Körper langsam, aber unaufhörlich. Muskeln werden abgebaut, der Hormonspiegel verändert sich, die körperliche Leistungsfähigkeit lässt nach. Die gute Nachricht: Diese Prozesse laufen nicht bei jedem Menschen in gleicher Ausprägung und gleichem Tempo ab. Durch Bewegung und Sport können Sie den natürlichen Abbau verlangsamen. Zum Teil kann regelmäßiges und moderates Training, wie zum Beispiel Nordic Walking, die Umbauprozesse sogar zeitweise völlig stoppen. Je besser der Trainings-, Gesundheits- und Aktivitätsgrad eines Menschen zeit seines Lebens ist, desto langsamer und weniger stark ausgeprägt ist der Alterungsprozess. Typische Veränderungen und Funktionseinschränkungen während des biologischen Alterns sind am gesamten Skelett, der Muskulatur, dem Herz-Kreislauf-System und dem Hormonhaushalt zu beobachten.

Die Macht der Hormone

Hormone beeinflussen unser Leben, sie wirken auf Stimmungen und Gefühle. Hormone halten uns fit und leistungsfähig, sie bestimmen unseren Schlaf- und Wachrhythmus und unsere Lust auf Sex. Doch ab 40 macht die körpereigene Hormonproduktion schlapp. Eine der Hauptursachen für das Voranschreiten des Alterungsprozesses ist das Nachlassen der Hormonbildung. Hormone, wie zum Beispiel das Wachstumshormon, Testosteron, DHEA (Dehydroepiandrosteron) oder Melatonin werden nur bis zum 20. Lebensjahr in großen Mengen gebildet. Sie sind für die Erneuerung unserer Körperzellen, für körperliche Fitness, einen erholsamen Schlaf und ein gut funktionierendes Immunsystem unverzichtbar. Danach sinkt die Produktion ganz erheblich ab, zum Teil bis auf ein Minimum des Ausgangswertes. Die gute Nachricht für alle über 40-Jährigen: Ein sanfter Ausdauersport, der gleichzeitig die Muskeln kräftigt, steigert die körpereigene Hormonproduktion und hält Sie länger jung, dynamisch und fit. Sie fühlen sich dadurch ausgeglichener, vitaler und gesünder.

DHEA (Dehydroepiandrosteron)

DHEA ist eine Hormonvorstufe, aus der im Körper Geschlechtshormone gebildet werden. Anti-Aging Experten bezeichnen DHEA häufig als Wellness-Hormon. Es scheint als Muntermacher gegen depressive Neigungen und sexuelle Unlust zu wirken, soll die Vitalität steigern und die Bildung von Stresshormonen (Cortisol) unterdrücken. Ein hoher DHEA-Spiegel im Blut soll typische Alterserkrankungen wie Osteoporose und Arterienverkalkung abschwächen. Ein 70-jähriger Mensch produziert jedoch im Vergleich zu einem jungen Menschen nur noch 20 Prozent an DHEA. Sanftes Ausdauertraining, wie zum Beispiel Nordic Walking, sorgt auf ganz natürlichem Weg für eine vermehrte DHEA-Ausschüttung. Und das garantiert ohne schädliche Nebenwirkungen.

Wachstumshormon (Somatotropin)

Wachstumshormone sorgen bei Kindern und Jugendlichen für das Heranwachsen, das Groß- und Kräftigwerden. Fehlt das Hormon, kommt es zu Zwergenwuchs, ein Zuviel ruft Riesenwuchs hervor. Nach Abschluss der Pubertät reguliert Somatotropin die Knochen-, Fett- und Muskelmasse. Es sorgt dafür, dass Fett ab- und Muskeln aufgebaut werden und dass die Knochen stabil und fest bleiben. Außerdem scheint es Einfluss auf die psychische Balance zu haben. Bei jeder Muskelaktivierung produziert unser Körper Wachstumshormone. Regelmäßiges Training bewirkt auch während des Älterwerdens einen vergleichsweise hohen Wachstumshormon-Spiegel. Bei Abbruch der körperlichen Aktivität sinkt der Spiegel jedoch relativ schnell wieder.

Testosteron

Das männliche Geschlechtshormon fördert den inneren Antrieb, es macht stark und dynamisch. Auch Frauen verfügen über eine körpereigene Testosteron-Produktion, allerdings in geringerem Maße. Diese geringere Produktion ist auch die Ursache dafür, dass Frauen trotz Muskeltraining in der Regel keine Angst vor großen Bodybuilder-Muskeln haben müssen.
Bewegung lässt den Testosteronspiegel ansteigen. Damit steigt auch die körperliche Leistungsfähigkeit, die Knochen werden gefestigt, das Immunsystem geschützt.

Stresshormone (Adrenalin, Noradrenalin, Cortisol)

Stresshormone versetzen den Körper in Alarmbereitschaft. Sie werden ausgeschüttet, um in Gefahrensituationen schnell weglaufen oder angreifen zu können. Auch körperliche Aktivität hat Einfluss auf die Ausschüttung von Stresshormonen.
Kurzfristig steigt während des Sports die Konzentration von Stresshormonen im Blut an. Dadurch fühlen wir uns sofort wacher und leistungsfähiger. Diesen Effekt kann jeder spüren, der sich »aufrafft«, Sport zu treiben, obwohl er ausgepowert ist. Sofort nach dem Start fühlt man sich viel frischer. Langfristig senkt regelmäßiges Training die Ruhekonzentration der Stresshormone im Blut. Und das ist gut so. Denn es hat zur Folge, dass sich Menschen, die regelmäßig Sport treiben, insgesamt ausgeglichener fühlen, weniger stressanfällig sind und damit auch gesünder leben.

Serotonin

Serotonin ist unser Gute-Laune-Hormon. Es soll dafür sorgen, dass wir innerlich zufrieden, ausgeglichen und optimistisch sind. Der Gegenspieler des Serotonins ist das Stresshormon Cortisol. Untersuchungen lassen vermuten, dass Sport auch die Bildung des Gewebshormons Serotonin im Gehirn anregt und damit für positive Stimmung und gute Laune sorgt.

Melatonin

Das ist unser Gute-Nacht-Hormon. Es wird im Gehirn gebildet. Die Ausschüttung hängt von der Tageszeit ab: Wenn es dunkel wird, steigt die Melatoninproduktion an und sorgt dafür, dass wir müde werden und gut schlafen. Bei Helligkeit geht die Produktion zurück – wir werden munter. Viele ältere Menschen leiden unter Schlaflosigkeit. Häufig ist ein Melatoninmangel die Ursache. Aber – wer am Tag viel draußen ist (beim Nordic Walking) und zusätzlich nachts in einem stark abgedunkelten Raum schläft, kann damit seinen Körper anregen, selbst ausreichend Melatonin zu bilden.

Die richtige Technik

Die richtige Nordic-Walking-Technik ist enorm wichtig: Sie entscheidet darüber, ob Ihre Muskeln und Gelenke auf Dauer gesund bleiben. Mit der richtigen Technik ist der Bewegungsablauf rund, harmonisch und schwungvoll. Die Technik ist mit dem normalen Gehen eng verwandt. Warum aber spüren viele »Einsteiger« dennoch Schmerzen wie Schienbein-, Knie-, Hüft- oder Rückenschmerzen? Und warum kommen beim Nordic Walken möglicherweise Arm- und Schulterschmerzen dazu? Die folgenden Hinweise zum Fuß-, Knie- und Hüfteinsatz gelten auch für die Walkingtechnik pur ohne Stockeinsatz.

Ein häufig gesehenes Bild

Haben Sie schon einmal Nordic Walker oder Nordic Walkerinnen beobachtet? Ist Ihnen dabei schon einmal aufgefallen, dass der Bewegungsablauf irgendwie nicht richtig rund und harmonisch zu sein scheint und dass das Ganze eher wie ein »Gestakse« mit Wanderstöcken aussieht, als dass es einer dynamischen Sportart ähnelt? Das ist leider ein ganz häufiges Bild, wenn es sich um »Nordic Walker« handelt, die in Eigenregie versuchen, die Technik zu erlernen und keine gute Literatur zur Hand hatten. Machen Sie diesen Fehler nicht und lassen Sie sich auch nicht von falschen Propheten leiten: Zum Nordic Walking gehören mehr als nur zwei Stöcke!

In unserem Buch werden Sie Hinweise zur Technik bekommen, die Ihnen helfen werden, die Technik

Die falsche Technik: Kniestreckung vorne und Einstechen des Stockes vorne.

richtig zu erlernen. Denn gerade beim Nordic Walking kommt es nicht nur auf Kenntnisse im Herz-Kreislauf-Bereich an, sondern vor allem auf orthopädische Kenntnisse. Hier können Sie die meisten Fehler machen. Fehler, die dazu führen, dass Sie langfristig keinen Spaß am Nordic Walking haben werden, weil Überlastungen, Verspannungen oder sogar Schmerzen auftreten werden. Es geht aber nicht nur um eine uneffektive Ausführung der Nordic-Walking-Technik, die häufig zu Schmerzen führen kann. Es geht auch darum, dass Sie sich natürlich mit einem funktionell richtigen Bewegungsablauf koordinierter und energieschonender bewegen und dadurch schneller an Leistungsfähigkeit gewinnen. Ein runder harmonischer Bewegungsablauf trägt viel mehr zum psychischen und physischen Wohlbefinden bei, als eine Bewegung, die mit viel Kraft und mühseligem Technikaufwand durchgeführt wird.

Auf Dauer ist also der Aufwand zum richtigen Erlernen der Nordic-Walking-Technik durchaus lohnenswert, weil Sie Ihre Gelenke schonen und Ihrer Gesundheit etwas Gutes tun.

Tipp

Eine qualifizierte Schulung

Falls Sie nicht in Eigenregie mit Nordic Walking beginnen wollen, möchten wir Ihnen den Tipp geben, sich auf der Internet-Seite des Deutschen Walking Instituts (DWI) (www.walking.de) nach geschulten Walking-Kursleitern, Walking-Lehrern oder sogar Walking-Therapeuten zu erkundigen. Diese sind nach neuesten wissenschaftlichen Erkenntnissen geschult und bringen die Voraussetzung für eine orthopädisch einwandfreie Technik mit, die Sie Ihnen sicherlich gerne vermitteln.

Nordic Walking in Zeitlupe

Häufig erscheint es einem schwieriger, eine Bewegung in Zeitlupe nachzuvollziehen, als locker »aus dem Bauch heraus« loszugehen. Gerade bei vollautomatisierten Bewegungsabläufen wie beim Gehen ist das der Fall. Fängt man dann an, sich der einzelnen Körperteile beim Gehen bewusst zu werden, kommt es zu lustigen Koordinationsstörungen: Man geht zum Beispiel im Passgang wie ein Kamel, d. h. rechtes Bein und rechter Arm schwingen gleichzeitig nach vorne. Zwingt man sich aber dennoch, die bereits gekonnte Bewegung langsam auszuführen, wird die Bewegung mit der Zeit immer leichter und vor allem vollkommener! Seien Sie also mutig und versuchen Sie sich zu Anfang auch in langsamen Zeitlupe-Bewegungen. Für das Nervensystem ist eine langsame Bewegung immer wieder ein Lernprozess. Geben Sie ihm Gelegenheit, sich über den Bewegungsablauf klar zu werden. Dann lernen Sie tatsächlich nicht nur schneller, sondern auch sorgfältiger!

Wie mache ich das?

Ganz einfach: Stellen Sie sich mit Ihren Stöcken in Ihren Flur oder Ihr Wohnzimmer und nehmen Sie eine beschriebene Position nach der anderen für eine kurze Zeit ein und bewusst wahr: Die Anfangsposition, die Abdruckphase I, die Abdruckphase II und zum Schluss die Endphase. Am besten wäre es, wenn Sie den Partner oder die Freundin bitten, Ihnen die Positionen im Einzelnen vorzulesen. Dann können Sie sich darauf konzentrieren, Füße, Arme und Stöcke zu positionieren und die beschriebenen Druck- und Schwungphasen nachzuempfinden. Vielleicht stellen Sie sich dafür auch vor einen Spiegel, um Ihre Positionen mit den Abbildungen im Buch zu vergleichen.

Jetzt geht's los

Sie halten Ihre Stöcke, in der Schlaufe gefasst, nahe am Körper. Ihr Oberkörper ist aufrecht und der Nacken- und Schulterbereich ist locker.

Die Anfangsposition

Ihr linker Arm befindet sich leicht gebeugt vor dem Körper. Die lockere Faust führt die Bewe-

Die richtige Technik | Nordic Walking in Zeitlupe

Die Ausgangsposition einer Schrittsequenz beim Nordic Walking

Abdruckphase I

Abdruckphase II

Endphase: der Ausschwung

gung beim Vorgehen der Hand. Die rechte Faust ist über der Hüftlinie, der rechte Arm ist zum Stockeinsatz gestreckt hinter dem Körper. Das linke Bein streckt sich zum Abstoß und der rechte Fuß fängt mit der flächigen Ferse einen neuen Schritt an.

Achtung!
Achten Sie auf das **flächige** Aufsetzen der Ferse. Die Ferse auf keinen Fall zu steil aufsetzen.

Abdruckphase I
Der Stockeinsatz der linken Hand sowie das Aufsetzen des rechten Fußes erfolgen fast gleichzeitig. Das Abdrücken des linken Stockes beginnt ab dem Zeitpunkt, an dem er die Hüftlinie überholt hat. Der Stock wird schräg nach unten hinter den Körper geführt. Dadurch bekommt der Nordic Walker einen Bewegungsimpuls nach vorne.
Das linke Bein befindet sich jetzt neben dem rechten Fuß und ist leicht gebeugt. Das Körpergewicht ruht dabei auf dem rechten Bein und auf dem linken Stock.

Achtung!
In dieser Phase stehen Sie jetzt kurzfristig auf nur einem Bein. Achten Sie besonders darauf, dass Ihnen die linke Beckenhälfte nicht nach links unten abkippt.

Abdruckphase II
Das Abdrücken erfolgt bis zur vollständigen Streckung des linken Armes. Um diese zu erreichen und Verspannungen zu vermeiden, wird die Hand in der Schlaufe vollständig geöffnet. Am Ende der Abdruckphase sollten der Ellbogen und das Handgelenk gestreckt nach hinten zeigen. Gleichzeitig wird die rechte lockere Faust nach vorne oben geführt, indem der rechte Arm sich beugt. Dabei wird das rechte Bein zum Abstoß gestreckt und der linke Fuß beginnt mit der flächigen Ferse einen neuen Schritt.

Achtung!
Je schneller Sie walken, desto eher werden Sie in dieser Phase das Knie des hinteren Beines strecken. Das ist gut so. Achten Sie dabei auf ein bewusstes Abdrücken vom Fußballen. Damit trai-

nieren Sie Ihre Gesäßmuskulatur und schützen Ihr Hüftgelenk ganz immens!

Endphase
Der Stockeinsatz des linken Armes endet nach dem Öffnen der Handfläche und das Abdrücken des rechten Armes und des rechten Beines erfolgt gleichzeitig. Das Körpergewicht wird auf das linke Bein verlagert. Der Oberkörper ist je nach Gelände leicht nach vorne geneigt.

Achtung!
Da der Schritt beim Nordic Walking länger ist als beim normalen Gehen und das Becken weiter gedreht wird, ist auch das Aufsetzen der Ferse vorne steiler als beim Walking und auch das Knie vorne eher gestreckt. Genau diese zwei Merkmale versucht man beim normalen Walking zu vermeiden, um gelenkschonender zu walken. So ist es durchaus möglich, dass Schmerzen, die nach dem Nordic-Walking-Training auftreten, auf diese zwei Fehlerquellen zurückzuführen sind: Ein zu langer Schritt, der zu Stauchungen im Knie, in der Hüfte bis hoch in den Rücken und die Halswirbelsäule führt. Gerade wenn Sie Probleme in diesen Gelenken haben, müssen Sie ganz bewusst auf einen kürzeren und flächig aufgesetzten Schritt achten!
Möglicherweise werden Sie diese zwei weniger vorteilhaften Technikmerkmale durch den Abstützeffekt der Stöcke kompensieren. Dann aber achten Sie darauf, dass der Stockeinsatz nicht zu verkrampft erfolgt, sodass Schulter-Nackenprobleme vorprogrammiert sind: Lassen Sie die Schulterblätter nach unten Richtung Becken wandern, öffnen Sie die Hände hinten im Ausschwung des Stockes und blicken Sie nicht nach unten Richtung Boden, sondern schauen Sie sich die Gegend bewusst an.
Nur Mut! Es ist nicht so kompliziert, wie es nach der Zeitlupen-Version zu sein scheint. Dennoch nützt es Ihnen für die schnelle und technisch richtige Ausführung beim Nordic Walking, wenn Sie sich dieser einzelnen Positionen immer wieder einmal – wenn auch nur gedanklich – bewusst werden und vor dem Training quasi ein mentales Training durchführen. Jeder Leistungssportler bereitet sich so auf seinen Wettkampf vor.

Die Gehschule nach Petra Mommert-Jauch

Worauf muss ich achten?
Beginnen Sie damit Ihr eigenes Verhalten zu überprüfen. Über Fragen, die an Sie gestellt werden, bekommen Sie Anregungen, auf Fehler zu achten. Die Lösungen zur Vermeidung der Fehler werden Ihnen gleich im Anschluss gegeben. Die richtige Technik wird dann noch einmal zusammengefasst beschrieben.

Wie rollt der Fuß bei Ihnen ab?
Gehen Sie, wenn möglich ohne Schuhe, über einen Rasen. Versuchen Sie recht flott zu gehen und sich auf das Abrollen Ihrer Füße zu konzentrieren.

Wo setzt Ihr Fuß am Boden auf?
- Auf der Fersenkante
- Eher flächig auf der Ferse
- Im Mittelfußbereich
- Auf dem Fußballen

Wie rollt der Fuß ab?
- Ganz gerade über das Längsgewölbe
- Über die Außenkante
- Über die Innenkante?

Rollen beide Füße gleich ab?

Zeigen sich an Ihren Schuhsohlen besondere Abriebstellen?

Fehler 1
Folge des zu steilen Aufsetzens auf der Ferse sind Schienbein-, Knie-, Hüftgelenk- und Rückenschmerzen. Besonders die Schienbeinprobleme sind beim (Nordic) Walken häufig zu beobachten. Diese sollten nach vier Wochen regelmäßigem (Nordic)Walken vollständig verschwunden sein. Ist das nicht der Fall, liegt es sehr wahrscheinlich an der falschen Technik: ein zu steiles Aufkommen auf der Fersenkante und ein zu langer Schritt! Versuchen Sie einfach einmal etwas leiser zu gehen. Dadurch wird sich das Aufsetzen und auch die Schrittlänge korrigieren.

Die Expertin

Jahrelange Praxiserfahrung mit Patienten beim Joggen, Walken und Nordic Walken haben Petra Mommert-Jauch bewogen, eine Gehschule zu entwickeln. Mit Hilfe dieser innovativen Gehschule erkennt der Patient sein individuelles Gehmuster, welches möglicherweise zu Beschwerden geführt hat. Beschwerden haben ihren Ursprung häufig im falschen Einsatz des Fußes, der Knie oder auch der Hüften. Danach kann der (Nordic) Walker sein eigenes Verhalten überprüfen und kontrollieren.

Die richtige Technik | Die Gehschule nach Petra Mommert-Jauch

Ein häufiges Fehlerbild: zu steiles Aufsetzen der Ferse.

Lösung
Setzen Sie also flächiger auf der Ferse auf und konzentrieren Sie sich darauf, Ihre Schritte bewusst kürzer zu halten.

Fehler 2
Folgen des Innenkantenlaufs können sein: Schmerzen im Kniegelenk, Hüftgelenk, Iliosakralgelenk (Übergang vom Becken zur Wirbelsäule) sowie im Lendenwirbelsäulen-Bereich. Das kann auch auftreten, wenn der Innenkantenlauf nur bei einem Fuß beobachtet wird. Anhand der Abriebstellen der Straßenschuhe kann ein falsches Gangbild häufig bestätigt werden.

Lösung
Wer die Wahrnehmung macht, über die Innenkante abzurollen und sich nicht mehr in der Wachstumsphase befindet, dem können, nach vorheriger Diagnosestellung vom Arzt, Einlagen empfohlen werden. Diese sollten vom Schuh-Orthopädie-Fachhandel an das individuelle Fuß-

gewölbe angepasst sein. Dazu wird die Fußbelastung am Boden über eine Messplatte gemessen. Zusätzlich ist eine kräftigende Fuß- und Beingymnastik zu empfehlen, um das Fußgewölbe und das Kniegelenk zu entlasten. Viel barfuß gehen wirkt sehr unterstützend.

Die richtige Abrollbewegung
Die funktionell richtige Abrollbewegung beginnt mit einem flächigen Aufsetzen der Ferse, wird fortgesetzt mit dem tendenziellen Abrollen über die Außenkante des Fußes und endet schließlich mit dem Abdrücken vom Großzehenballen und dem großen Zeh.

Was machen Ihre Knie?
Gehen Sie, jetzt mit Schuhen, in unterschiedlichen Geschwindigkeiten und versuchen Sie sich auf Ihre Knie zu konzentrieren.

Sind die Knie immer leicht gebeugt oder gibt es im Verlauf der Bewegung eine Streckphase?

Falls Sie eine Streckphase feststellen sollten: Ist das Knie gestreckt,
- wenn Sie den hinteren Fuß vom Boden abdrücken oder
- während Sie das Bein nach vorne schwingen oder
- wenn Sie den Fuß vorne aufsetzen?

Fehler
Ein kapitaler Fehler, der beim Nordic Walking häufig auftritt, ist es, das Knie vorne beim Auftreffen auf den Boden zu strecken. Ursache kann sein, dass Sie zu lange Schritte machen. Aber auch Personen mit einer geschwächten Oberschenkelmuskulatur neigen dazu, das Bein mit gestrecktem Knie vorne aufzusetzen.

Das gestreckte Knie vorne führt häufig zu
- Stauchungen, die sich negativ auf Knie- und Hüftgelenk auswirken und sich bis in den Rücken fortsetzen,
- einer Ausgleichsbewegung des Beckens: Dieses kippt nach links bzw. rechts unten ab, womit Hüftgelenke und Rücken zusätzlich belastet werden,

Die richtige Technik | **Die Gehschule nach Petra Mommert-Jauch**

Ein häufiger Fehler: das gestreckte Knie vorne beim Aufsetzen.

Das Abdrücken kommt vom hinteren Bein.

- Entzündungen der Knochenhaut im Schienbeinbereich.

Lösung
Um diesen Fehler zu korrigieren, sollte man ab und zu versuchen, leiser zu gehen, ohne dabei das Abrollverhalten des Fußes oder die Geschwindigkeit zu verändern. Wenn Sie versuchen leiser zu gehen, werden Sie merken, wie Sie die Knie vorne eher gebeugt halten. Das kann zu Anfang sicherlich erst einmal als anstrengend empfunden werden. Auf Dauer schützt es Sie aber vor Kniegelenk-, Hüftgelenk- und Rückenbeschwerden!

Achtung!
Gerade in Verbindung mit der Armschwungbewegung und den Stöcken in den Händen fühlt man sich veranlasst, die Schritte größer zu machen. Denn durch den größeren Schritt ist auch eine längere Ausschwungbewegung des Stockes nach hinten möglich.

Achten Sie bei vorhandenen Gelenkbeschwerden dann umso mehr darauf, die Knie vorne beim Fußaufsetzen leicht gebeugt zu halten!!

Die richtige Kniebewegung
Abhängig von der Geschwindigkeit wird es zu einer Streckphase im hinteren Knie kommen: Je schneller Sie walken werden, desto eher werden Sie das Knie hinten beim Abdrücken vom Boden strecken.

Haben Sie ein dominantes Bein?
Falls Sie bereits Gelenkbeschwerden haben, horchen Sie beim Walken in sich hinein:

Hören Sie einen Rhythmus beim Walken? Treten Sie mit einem Bein lauter, härter, dominanter auf als mit dem anderen?

Falls dies der Fall sein sollte, zählen sie innerlich beim Walken auf Drei. Lässt sich dieser scheinbare Rhythmus dadurch unterbrechen? Ist das scheinbar »dominante« Bein dann immer noch gleich bleibend dominant?

Lösung
Ursachen für ein härteres, lauteres oder dominantes Auftreten mit einem Bein können u.a. sein:
- eine »echte« Beinlängendifferenz (knöchern),
- eine »scheinbare« Beinlängendifferenz (durch Verkürzung bestimmter Muskelgruppen),
- eine Skoliose (seitliche Verschiebung der Wirbelsäule,
- ein muskulär tatsächlich kräftigeres Bein.

Um Schmerzen und weiteren Gelenkproblemen vorzubeugen, sollten Sie bei Vorliegen eines dominanten Beines, bevor Sie mit Nordic Walking oder Walking richtig einsteigen, durch einen Orthopäden oder Physiotherapeuten klären lassen, wo die Ursache für diese Dysbalance (Ungleichgewicht) liegen kann. Möglicherweise wäre es durchaus sinnvoll, eine kleine Erhöhung in den Walkingschuh integrieren zu lassen (bei einer »echten« Beinlängendifferenz).

Bei einer »scheinbaren« Beinlängendifferenz dagegen sollte keine Schuherhöhung, sondern die Dehnung verkürzter Strukturen veranlasst werden.

Was tun Sie mit den Stöcken?
Das Besondere des Nordic Walking – das Benutzen von Stöcken – entstammt dem Skilanglauf und ähnelt diesem. Da beim Nordic Walking allerdings die Gleitphase des Skilanglaufs wegfällt, sind beim Einsatz der Stöcke ein paar entscheidende Dinge zu beachten.

Die Handschlaufen
Das Besondere an den Stöcken sind ihre Handschlaufen. Deren Aufgabe ist
- die Herstellung einer festen Verbindung zum Handgelenk,
- die Unterstützung beim Abstoßen,
- eine natürliche und freie Blutzirkulation zu gewährleisten,
- die Übertragung des Druckes über die Schlaufe auf den Stock,
- die Verbindung von Schlaufe und Griff sorgt dafür, dass die Hand während des Trainings immer

Eine wichtige Verbindung: Stock-Schlaufe-Hand.

richtig positioniert ist, um die Kraft aus den Armen auf den Stock zu übertragen.

Wie man die Handschlaufen der Nordic-Walking-Stöcke anlegt, lässt man sich am besten im Fachhandel zeigen. Die Handschlaufen sollten so genutzt werden, dass die äußere Handkante in der Schlaufe aufliegt und diese so am meisten Druck auf den Stock überträgt. Außerdem wird es über die Fixierung der Handschlaufe am Handgelenk möglich, den Stock locker wieder nach vorne zu führen. Ein permanentes und verkrampftes Festhalten der Stöcke wird so unnötig.

Die richtige Stock-Bein-Koordination
Die Stock-Bein-Koordination entspricht der Arm-Bein-Koordination des normalen Walkens oder auch des Skilanglaufs: Setzt der rechte Fuß vorne auf den Boden auf, hat der linke Stock etwa auf Hüfthöhe Bodenkontakt. Das entspricht einem diagonalen Bewegungsablauf: Setzt der rechte Fuß vorne auf, wird auch die rechte Hüfte mit nach vorne geschwungen. Um diese Rotation auszugleichen, wird gleichzeitig der linke Arm (Stock) und damit das linke Schultergelenk mit nach vorne geführt. Diese minimale, aber effiziente Oberkörperrotation kann durch den Einsatz der Stöcke positiv unterstützt werden.

Fehler

Wird der Oberkörper dagegen steif gehalten und bleiben auch die Schultern eher unbewegt, wird Nordic Walking keinen Beitrag zur sinnvollen Kräftigung der Rücken- und Bauchmuskulatur leisten können. Im Gegenteil: Nacken- und Rückenprobleme werden eher zunehmen, weil wieder weniger bewegt wird und stattdessen mehr gehalten werden muss.

Lösung

Wichtig ist, dass man sich der Mitbewegung und gleichen Bewegungsrichtung von zum Beispiel rechter Hüfte und linker Schulter bewusst wird: Beide Körperteile bilden ein Paar!
Dann nämlich werden die tiefliegendsten Muskelschichten der Bauch- und Rückenmuskulatur aufgefordert, ebenfalls zur Stabilisation der Wirbelsäule beizutragen.

Der richtige Arm- und Stockeinsatz

Um beim Nordic Walking den Schulter- und Nackenbereich entspannen zu können, sollte man einen aktiven Arm-Rückschwung beherzigen. Neben der Bewegung nach vorne/oben ist der Bewegung des Stockschwunges nach hinten besondere Aufmerksamkeit zu schenken. Vor allem durch diese Bewegung kommt es zur Lösung von Verspannungen im Schulter-Nacken-Bereich. Genau hier sollten die Handschlaufen sinnvoll eingesetzt werden: Die Finger öffnen sich, der Stock wird per Handschlaufe kontrolliert zurückgeschwungen, der Arm schwingt locker nach hinten aus.

Dabei darf nicht übersehen werden, dass der Rückschwung des Armes abhängig ist von der Zeit, die ihm dafür zur Verfügung steht. Da beim Nordic Walking die Gleitphase wie beim Skilanglauf wegfällt, ist bei normaler Schrittlänge der

Eine leichte Oberkörperrotation ist ganz natürlich!

Linke Schulter und rechte Hüfte bilden ein Paar.

Die richtige Technik | Die Gehschule nach Petra Mommert-Jauch

Ein aktiver Arm-Rückschwung ist entscheidend. Deshalb die Verlängerung des Schrittes nach hinten.

Rückschwung meist nicht so ausführlich wie gewünscht. Trotzdem sollte man darauf achten, dass nach der Abstoßphase des Stockes die Hände am Griff geöffnet und der Arm nach hinten – wenn auch verkürzt – ausschwingen kann.

Achtung!
Falls Sie den Schritt verlängern wollen, um den Armschwung nach hinten zu forcieren, achten Sie darauf, dass Ihre Knie vorne trotzdem leicht gebeugt sein können!
Besser wäre es, wenn Sie den Schritt nach hinten verlängern würden: Das heißt, sie sollten versuchen das Abdruckbein hinten eine kleine Nuance länger am Boden stehen zu lassen. Dadurch richten Sie sich nicht nur besser auf, sondern haben auch mehr Zeit den Stock nach hinten »laufen« zu lassen.
Außerdem empfiehlt es sich, eher einen etwas kürzeren Stock zu kaufen als einen laut Hersteller passenden. Dadurch ist mehr Zeit für die Schwungphase und auch mit der Schrittlänge kommt man weniger unter Druck.

Durch falschen Stockeinsatz kommt es zu einem falschen Bewegungsmuster.

Entspannte Schultern durch das Ansteuern der richtigen Muskeln.

Die richtige Technik | **Wie fange ich an?** 31

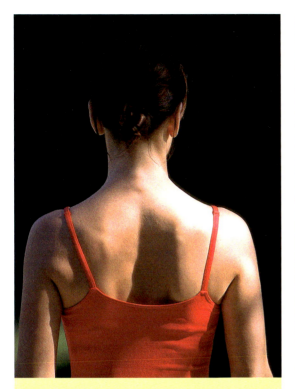

Die Schulterblätter werden Richtung Gesäß nach unten gezogen.

Hochgezogene Schultern führen zur Verspannung.

Fehler

Ein Fehler, der besonders beim Nordic Walking auftritt, ist das Hochziehen der Schultern und damit die Überbelastung des Nackens. Eine wesentliche Ursache dafür ist, dass auch im Alltag ein falsches Bewegungsmuster beim Anheben der Arme vorherrscht: Das Anheben der Arme wird meistens mit Hilfe der Nackenmuskeln geleistet, obwohl dieses nicht ihre Aufgabe ist. So kommt es beim Anheben des Stockes nach vorne/oben gerne zu dieser Mit- und Überbeanspruchung der Nackenmuskeln. Besonders intensiv wird diese Fehlbelastung im Moment des Stockabdrückens. Auf keinen Fall dürfen die Stöcke vor den Körper gesetzt werden. Dadurch wird nämlich die fortführende Bewegung unterbrochen und es kommt eine abgehackte Fortbewegung zu Stande.

Lösung

Achten Sie darauf, dass mit dem Hochführen des Armes und des Stockes vorne gleichzeitig die Schulterblätter (die knöchernen Erhebungen am oberen Rücken) Richtung Gesäß nach unten gezogen werden. Mit dem Stockabdrücken sollte es zu einem Gefühl der Brustkorbaufrichtung und des »langen« Nackens kommen. Die Konzentration darauf fällt am Anfang noch etwas schwer, macht sich aber nicht nur beim Nordic Walking, sondern auch in Ihrem sonstigen Alltag bezahlt!

Wie fange ich an?

Nach wenigen Schritten erreichen Sie schon das »echte« Nordic-Walking-Feeling:

1. Schritt

Nehmen Sie Ihre Stöcke und schlüpfen Sie in die Handschlaufen. Halten Sie die Stöcke gar nicht fest. Walken Sie jetzt ganz locker und ohne Anstrengung los, als hätten Sie keine Stöcke in Händen! Die Arme hängen dabei locker an der Körperseite herab. Walken Sie bewusst locker im Schulterbereich und lassen Sie die Arme ganz natürlich vor und zurück mitschwingen.

32 Die richtige Technik | **Wie fange ich an?**

Bewusstes Loslassen am Stock.

Druckgeben mit der Hand auf die Schlaufe.

2. Schritt
Walken Sie wie oben beschrieben, aber konzentrieren Sie sich jetzt auf die Handschlaufen: Sobald Sie zum Beispiel den linken Arm samt Stock nach vorne gezogen haben und den Bodenkontakt der Stockspitze spüren, geben Sie Druck mit der Hand auf die Schlaufe. Beim Ausschwingen des Arms nach hinten öffnen Sie bewusst die Hand. Dieses Wechselspiel zwischen Druck auf den Stock und bewusstem Loslassen sollten Sie üben!

3. Schritt
Jetzt versuchen Sie sich an der korrekten Armführung: Stechen Sie den Stock bewusst gleichzeitig mit dem Aufsetzen des diagonalen Fußes ein – geben Sie jetzt Druck auf die Handschlaufe und den Stockgriff – und lassen Sie dann den Stock mit langem Arm locker nach hinten ausschwingen. Machen Sie das alles erst in Zeitlupentempo, um sich der Reihenfolge des Bewegungsablaufs klar zu werden.

4. Schritt
Versuchen Sie den Bewegungsablauf bei unterschiedlichen Walk-Geschwindigkeiten umzusetzen. Gehen Sie aber immer wieder zu der Geschwindigkeit zurück, bei der Sie den korrekten Stockeinsatz, den Armschwung und das richtige Fußabroll- und Knieverhalten noch umsetzen können!

Achtung!
Halten Sie sich nicht krampfhaft an den Stöcken fest. Verlassen Sie sich immer auf Ihren sicheren Schritt und Stand und nicht auf die Stöcke. Stützen Sie sich nämlich zu sehr auf den Stöcken ab, werden Sie sich ein falsches Gangmuster aneignen und darüber hinaus die Schulter-Nacken-Muskulatur überbelasten.

Die richtige Technik | Tipps fürs Gelände 33

Aktives Lösen der Hand am Stock.

Tipps fürs Gelände

Je nach Geländebeschaffenheit ergeben sich in der Technik ein paar Variationen:
Grundsätzlich können wir Ihnen nur raten, auch öfter in der Wiese, im Sand oder sonstigem unebenem Gelände zu walken. Dadurch wird Ihr Nervensystem angeregt, noch mehr Muskeln zu aktivieren. Das spüren Sie auch umgehend als größere Anstrengung. Aber es lohnt sich, denn dadurch erreichen Sie nicht nur einen effektiveren Muskelaufbau, sondern lernen auch mit der Zeit sicherer zu gehen: Da Sie sehr wahrscheinlich in unebenem Gelände etwas langsamer gehen werden (bei trotzdem erhöhtem Kalorienverbrauch), um bewusst das Gleichgewicht zu halten, lernen Bänder, Sehnen und Muskeln harmonisch miteinander zu arbeiten. Das ist der beste Gelenkschutz den man sich vorstellen kann. Also keine Angst vor unebenem Gelände, sondern es als Trainingsfläche nutzen!

Nordic Walking an Steigungen
- Der Oberkörper wird stärker nach vorne gelehnt.
- Ziehen Sie sich mit den Stöcken nach vorne.

Nordic Walking in steilerem Gelände mit nach vorne gelehntem Oberkörper und in verkürztem Schritt.

Auch beim Bergabwalken wird der Schritt verkürzt.

Flächiges Aufsetzen auf der Ferse.

Kräftiges Abdrücken des Fußballens.

Oberschenkelmuskulatur und dem Stock abgestützt. Hier dürfen Sie die Stöcke als Stütze nutzen! Der Oberkörper lehnt dabei leicht nach hinten.

Die Technik im Zeitraffer

Hier noch einmal die Zusammenfassung der Nordic-Walking-Technik mit den wichtigsten Technikelementen auf einen Blick. Prägen Sie sich diese Elemente gut ein, nehmen Sie Ihre Stöcke, gehen Sie raus. Versuchen Sie die Technik möglichst sofort umzusetzen. Probieren Sie alles aus! Vielleicht sogar mit einem Partner. Korrigieren Sie sich gegenseitig.

Der Fuß
Aufsetzen: Der Fuß setzt *flächig* auf der Ferse auf und nicht scharfkantig und steil.
Abrollen: Er rollt tendenziell über die Außenkante oder auch recht gerade nach vorne auf den Großzehenballen ab.

- Die Schritte werden entsprechend kürzer. Bei intensivem Fußabdruck hinten kann die Schrittlänge eventuell beibehalten werden.

Nordic Walking bergab
- Die Schrittlänge wird verkürzt.
- Die Knie sind ständig und auch etwas stärker gebeugt.
- Das hintere Bein wird beim Bergabwalken nicht gestreckt.
- Die Beine sind leicht außenrotiert (Charlie Chaplin) und die Knie zeigen dabei in Richtung der Fußspitzen.
- Die Stockspitzen setzen neben bzw. hinter dem Körper auf. Das Körpergewicht wird mit Hilfe der

Das Knie

Vorne beim Aufkommen ist das Knie immer leicht gebeugt und nie ganz gestreckt. Verkürzen Sie möglicherweise Ihren Schritt, wenn Ihr Knie vorne eher zur Streckung neigt.
Hinten beim Abdrücken kann es gestreckt sein. Je schneller Sie walken, desto eher werden Sie Ihr Knie hinten strecken. Zusammen mit einem bewussten Abdrücken vom Fußballen aktivieren Sie Ihre Gesäßmuskulatur.

Die Hüfte/das Becken

Bewegung von hinten nach vorne: ja.
Bewegung nach oben und unten: nein.

Der Oberkörper

Aufrichtung: Das Brustbein ist angehoben.
Rotation: Eine funktionell richtige Gegenrotation von Schulter- und Beckenachse führt zu einer gesunden Rotation im Oberkörper.
Neigung nach vorne: vor allem beim Aufwärtswalken.

Das Knie ist vorne leicht gebeugt.

So nicht! Durch eine falsche Beckenbewegung kippt die Hüfte zur Seite ab.

Gerade bergauf ist das kräftige Abdrücken des hinteren Beines wichtig.

36 Die richtige Technik | **Die Technik im Zeitraffer**

Die richtige Kopfhaltung entspannt den Nacken.

Die falsche Kopfhaltung führt zu weiteren Verspannungen.

Nicht ganz einfach: Die linke Hand gibt Druck – die rechte lässt los.

Mit Druck am Stock einstechen.

Mit Loslassen am Stock entspannen.

Die richtige Technik | **Die Technik im Zeitraffer** 37

Auf Hüfthöhe einstechen mit dem Aufsetzen des gegenüberliegenden Fußes.

Mit langem Arm diagonal zur Beinbewegung nach hinten ausschwingen.

In der Schlaufe pendelnd vorschwingen, ohne Handfassung am Stock.

Der Kopf/die Augen
Richtig: Kopf und Augen schauen zum Horizont.
Falsch: Kopf und Augen schauen nach vorne/unten.

Die Arme/die Schultern
Die Schultern: bewegen sich entgegengesetzt zur gleichseitigen Hüfte.
Die Arme: sind maximal 90 Grad angewinkelt und schwingen diagonal zur Beinbewegung mit.

Die Hände
Beim Einstechen des Stockes: Umschließen sie den Griff und geben Druck.
Beim Ausschwingen nach hinten: Öffnen sie sich und lassen den Stock ausschwingen.

Die Stöcke
Einstechen: etwa auf Hüfthöhe gleichzeitig mit Aufsetzen des gegenüberliegenden Fußes.
Ausschwingen: nach hinten mit langem Arm und geöffneten Händen.
Vorschwingen: in der Schlaufe pendelnd ohne Handfassung am Stock.

Die Ausrüstung

Nordic Walking ist optimal für Fitness, Fettverbrennung, Gesunderhaltung und Entspannung. Und es ist ganz einfach zu erlernen. Sie brauchen nur zwei Dinge – ein Paar Schuhe und ein Paar Stöcke. Die Spezialstöcke können Sie in jedem guten Sportfachgeschäft erwerben. Der Preis liegt zwischen 40 und 100 Euro. Hier erfahren Sie, worauf Sie beim Kauf Ihrer Ausrüstung achten sollten.

Die Stöcke

Die modernen Spezialstöcke, die eigens für das Nordic Walking entwickelt wurden, haben so gut wie nichts mit dem guten alten Wanderstock zu tun. Sie sind modern, funktional und dynamisch. Zum Nordic Walking brauchen Sie anders als beim Wandern immer zwei Stöcke. Gute Stöcke sind möglichst leicht, jedoch gleichzeitig stabil und sicher. Sie schwingen im Rhythmus der Arme mit – ganz natürlich und ohne dass Sie dafür Kraft einsetzen müssen. Ganz wichtig ist, dass die Stöcke sich beim Walken nicht verbiegen. Denn dann bieten Sie Ihnen beim Abdrücken vom Boden nicht genügend Sicherheit. Die Stöcke sind in festen Längen oder auch als verstellbare Teleskop-Stöcke erhältlich. Beide Ausführungen haben Vor- und Nachteile. Teleskop-Stöcke sind variabler: Sie können von mehreren Personen genutzt werden, da die Länge individuell eingestellt werden kann. Je nachdem, ob Sie Anfänger oder fortgeschritten sind, ob Sie auf ebener Strecke, bergauf oder bergab walken, kann es sinnvoll sein, die Stocklänge unterschiedlich einzustellen. Teleskop-Stöcke sind entsprechend verstellbar. Ein möglicher Nachteil: Die Vibrationen beim Aufsetzen

der Stockspitze auf den Boden sind bei den Teleskop-Stöcken zum Teil größer als beim fixierten Stock. Generell ist beim Kauf von Stöcken auf diese Vibrationen zu achten. Probieren Sie sie also auch auf hartem Teerboden aus. Denn diese kleinen Erschütterungen sind auch im Körper spürbar – vor allem in den Hand-, Ellbogen- und Schultergelenken. Hinzu kommt, dass das Gelenk, das die Längeneinstellung ermöglicht, die Stöcke instabiler machen könnte. Wenn Sie sich für einen Teleskop-Stock entscheiden, achten Sie beim Kauf darauf, dass die Gelenke auch bei Druck gut halten. Selbst wenn Sie sich mit vollem Gewicht auf den Stock lehnen, dürfen sich die Gelenke nicht lösen. Denn – auf die Stabilität des Nordic-Walking-Stockes müssen Sie sich auch in schwierigem Gelände, bei unebenem Boden oder beim Stolpern stets verlassen können.

Gefertigt sind die Stöcke aus Fiberglas, aus Aluminium oder aus Carbon. Außerdem mischen die Hersteller die Materialien untereinander oder in Kombination mit anderen Materialien – je nachdem, für welchen Zweck der Stock entwickelt worden ist.

Die Stockspitze

Die Stockspitze muss spitz sein, damit sie auf weichem Untergrund wie Feld-, Wald- und Wiesen-

Die Ausrüstung | Die Stöcke

Teleskop-Stöcke für die individuelle Größe.

auf den Boden abzudämpfen. Ohne diesen Gummipuffer prallt die Stockspitze bei jedem Bodenkontakt ungedämpft auf. Die dabei entstehende Erschütterung überträgt sich auf den Körper – insbesondere auf die Gelenke. Diese unnötige Belastung für die Gelenke können Sie verhindern. Achten Sie darauf, dass Ihr Nordic-Walking-Stock mit einem Gummiaufsatz ausgestattet ist – vor allem, wenn Sie oft auf Asphaltböden laufen. Der Puffer verbessert außerdem die Haftung der Stockspitze auf dem harten Boden. Dadurch wird die Bewegung weicher und runder. Das Walken mit dem Aufsatz ist lautlos und ganz einfach. So können Sie die fließenden Bewegungen des Nordic Walking ungehindert genießen. Und wenn Sie auf Ihrer Tour erst auf Asphalt und dann über Felder und Wiesen marschieren, nehmen Sie den Aufsatz einfach ab, verstauen ihn in der Hosentasche und setzen ihn erst wieder auf, wenn er gebraucht wird. Aber Achtung: Der Gummifuß muss fest auf der Stockspitze sitzen und darf sich nicht von allein lösen.

Die richtige Länge

Es gibt verschiedene Möglichkeiten, um die für Sie richtige Stocklänge zu bestimmen.

Die Faustregel – jetzt müssen Sie rechnen!
Diese Regel ermöglicht es Ihnen, die individuelle Stocklänge in Abhängigkeit von Ihrer Körpergröße

wegen, genug Halt bietet. Sie muss hart genug sein, damit sie auch beim Laufen auf Geröll nicht bricht, sich verbiegt oder schnell abnutzt. Gute Nordic-Walking-Stöcke zeichnen sich auch dadurch aus, dass sie so genannte Pads haben. Das sind Gummipropfen, die Sie auf die Stahlspitzen aufsetzen, wenn Sie auf hartem Untergrund wie Asphalt gehen. Diese können Sie ohne großen Aufwand lösen und bei Bedarf auch austauschen.

Gummis für Asphaltläufer

Zum Walken auf Asphalt brauchen Sie einen Gummiaufsatz, um den Aufprall der Stockspitze

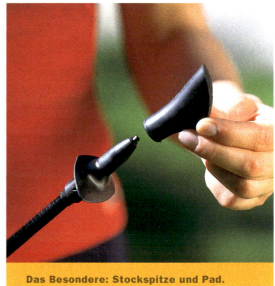

Das Besondere: Stockspitze und Pad.

zu ermitteln. Im Fachgeschäft wird man Ihnen mit der folgenden Formel weiterhelfen.

Körpergröße x 0,7 = Stocklänge in Zentimeter

Viele Nordic Walker haben jedoch die Erfahrung gemacht, dass dieses vom Hersteller angegebene Maß für sie zu lang ist.
Unsere Empfehlung lautet deshalb:
Rechnen Sie sich Ihre Stocklänge mit oben angegebener Formel aus und nehmen Sie dann Stöcke, die 5 cm kürzer sind als das Ergebnis. Die meisten Menschen kommen mit einer Stocklänge, die über diesen Weg ermittelt worden ist, sofort gut zurecht. Probieren Sie es aus!

Der Test – der Ellbogenwinkel entscheidet!
Sie testen lieber statt zu rechnen? Auch kein Problem, dann stellen Sie sich aufrecht hin, halten Sie den Stock am Griff gut fest und stellen den Stock gerade auf den Boden, sodass die Spitze den Boden berührt. Wenn sich zwischen Unterarm und Oberarm ein Winkel bildet, der etwas größer ist als 90 Grad, dann hat der Stock für Sie in der Regel die richtige Länge.

Ausnahmen bestätigen die Regeln
Faustregeln gelten häufig, aber nicht immer. Deshalb kommt es bei der Bestimmung der optimalen Stocklänge vor allem auf Ihr Körpergefühl an. Viele Nordic Walker fühlen sich wohler, wenn die Stöcke etwas kürzer sind als vom Fachhandel empfohlen. Das hängt damit zusammen, dass der Armschwung und damit der Schwung des Stockes von der individuellen Schrittlänge abhängig ist. Wenn Sie, wie in der Gehschule (S. 25) erläutert, darauf achten, dass das Knie vorne beim Fußaufsatz leicht gebeugt bleibt (aus Zwecken des Gelenkschutzes!), dann wird auch Ihr Schritt nicht maximal lang werden. Das wiederum bedeutet, dass die Zeit, um den Stock auch nach hinten zu schwingen (die qualitativ wichtigste Schwungphase!), relativ kurz ist. Haben Sie jetzt die längeren Stöcke, wird Ihnen eine Ausschwungphase nach hinten nicht mehr gelingen. Mit kürzeren Stöcken können Sie, diese genussvolle Ausschwungphase nach hinten umsetzen. Außerdem haben Sie mit kürzeren Stöcken eine bessere

Stimmt die Stocklänge? Ein etwas größerer Winkel als 90 Grad zwischen Ober- und Unterarm wäre ideal.

Kontrolle über die Stöcke und lernen die Technik noch schneller.
Trotzdem entscheiden sich auch viele Nordic Walker häufig für Stöcke, die 5 bis 10 Zentimeter länger sind als mit den Faustregeln ermittelt. Sie glauben dadurch eine noch intensivere Arm- und Oberkörperarbeit zu leisten. Probieren Sie unterschiedliche Stocklängen am besten über einen Testtag hinweg aus und entscheiden Sie sich erst dann. Häufig stellen Fachgeschäfte ein Paar Stöcke zu Testzwecken zur Verfügung.

Der Griff und die Griffschlaufe
Gute Nordic-Walking-Stöcke haben einen ergonomisch geformten Griff. Der Griff ist so gebaut, dass er die Stellung des Handgelenkes lenkt und stabilisiert. Das Gelenk bleibt während des gesamten Bewegungsablaufs gerade, die Hand wird in direkter Verlängerung des Unterarms fixiert. Dadurch wird ein unfunktionales Abknicken verhindert.

42 Die Ausrüstung | Die Stöcke

Ein ergonomisch geformter Griff.

Dieses würde sich auf Dauer schädlich auf das Gelenk auswirken.

Am oberen Ende des Griffes sind Handschlaufen befestigt. Sie unterstützen die Hand und führen den Stock zurück. Die Schlaufen fixieren den Stock in einer günstigen Position am Handgelenk. Der Vorteil: Sie müssen nicht ständig darauf achten, den Stock gut festzuhalten. Dadurch verkrampfen die Schulter-, Arm- und Nackenmuskeln nicht, sondern bleiben schön locker und entspannt. Durch Klettverschlüsse kann die Handschlaufe auf jede beliebige Handgröße angepasst werden. Wichtig ist, dass die äußere Handkante – also die Kante an der Kleinfingerseite – in der Schlaufe aufliegt. Die Handschlaufe muss stabil sein und darf sich nicht von allein lösen. Einige Hersteller bieten einen speziellen Rasterverschluss an. Damit müssen Sie Ihre Hand nicht aus der gesamten Handschlaufe lösen, wenn Sie kurz zwischendurch zur Trinkflasche greifen oder sich die Nase putzen wollen. Mit einer kleinen Fingerbewegung löst sich die Schlaufe komplett aus dem Griff und lässt sich auch genauso schnell wieder einklicken. Schön praktisch!

Die Handschlaufe bietet Sicherheit am Stock ...

... und ist einfach zuzukletten.

Welche Schuhe?

Zum Nordic Walking brauchen Sie entweder gute Jogging- oder spezielle Walkingschuhe.

Joggingschuhe sind multifunktional

Wenn Sie neben dem Nordic Walking zusätzlich joggen, sind Sie mit Laufschuhen gut bedient. Sie sind multifunktional, können also sowohl fürs Nordic Walking als auch fürs Joggen benutzt werden. Die Auswahl an guten Modellen ist riesengroß: Es gibt Schuhe für Normalfüße, für Problemfüße, spezielle Frauenmodelle oder Modelle für unterschiedliche Bodenbeschaffenheiten. In diesem Angebotsdschungel ist es manchmal richtig schwierig, sich für einen geeigneten Schuh zu entscheiden. Die folgenden Tipps sollen Ihnen die Auswahl erleichtern.

Der Schuh muss passen!

Es mag banal klingen – das Wichtigste ist, dass der Schuh Ihnen passt. Kaufen Sie einen Schuh nur, wenn er auch richtig sitzt. Dazu muss die Schuhbreite der Form Ihres Vorderfußes entsprechen. In der Regel sollten Sie Joggingschuhe eine Nummer größer kaufen als andere Schuhe. Denn: Die Zehen brauchen beim Abrollen nach vorne viel Platz. Hinzu kommt, dass die Füße beim Walken wärmer werden und sich etwas ausdehnen. Schuhe, die im Stand schon sehr eng anliegen und wenig Zehenfreiheit gewähren, sind beim Walken dann oft zu klein und verursachen Blasen.

Die Dämpfung muss stimmen!

Prinzipiell gilt: Beim Nordic Walking sind die Kräfte, die beim Aufprall der Füße auf den Boden entstehen, wesentlich geringer als beim Joggen. Deshalb ist es nicht ganz so wichtig, extrem gut gedämpfte Schuhe zu tragen. Dennoch sollten vor allem Sportanfänger, Menschen mit Gelenkproblemen oder mit Übergewicht darauf achten, dass ihre Schuhe über ein ausreichendes Dämpfungssystem verfügen. Denn: Je weniger Übung Sie beim Nordic Walking haben, umso weniger fließend ist in der Regel der Bewegungsablauf und umso größer sind die Belastungen für Muskeln

Ein spezieller Walkingschuh bietet Halt und Wetterfestigkeit.

und Gelenke. Das Gleiche gilt, wenn Sie ein paar Kilogramm zu viel auf die Waage bringen, wenn Sie Gelenkprobleme haben oder viel über Asphaltböden walken. Kaufen Sie einen Schuh, der das Aufsetzen des Fußes auf den Boden zwar abdämpft, aber Ihren Fuß trotzdem gut abrollen lässt. Das schont Ihre Gelenke, schützt vor Abnutzung und bewirkt, dass Sie beschwerdefrei lange Strecken bewältigen können.

Sind Sie Pronierer oder Supinierer?

Welcher Schuh der richtige für Sie ist, hängt auch davon ab, wie Sie Ihren Fuß bei beim Laufen aufsetzen und abrollen. Experten unterscheiden zwischen einem Einwärtsknicken des Fußes (Pronation) und einem Außenabrollen (Supination). Lassen Sie sich in einem guten Sportfachgeschäft beraten. In einigen Spezialläden wird Ihr Laufstil ganz genau begutachtet, bevor man Ihnen zum Kauf eines bestimmten Schuhs rät: Während Sie auf einem Laufband walken, wird das Aufsetzen und Abrollen der Füße auf dem Boden per Video aufgezeichnet und kann dann in Zeitlupe betrachtet werden. Dabei fallen Besonderheiten auf, die

Tipp

Die Kunst des Schuhkaufs

Walkingschuhe zu kaufen, ist sicher nicht leicht: Die riesige Auswahl erschlägt auf den ersten Blick und wirkt vielleicht manchmal auch abschreckend. Sind Sie blutiger Anfänger oder probieren Sie die Sportart einfach mal aus? Dann reichen für die ersten Touren Ihre alten Turnschuhe. Wenn Sie sich jedoch entscheiden, regelmäßig zu walken, brauchen Sie gute Schuhe. Es müssen nicht immer die neuesten und teuersten sein – die Modelle des Vorjahres reichen in der Regel völlig. Wichtiger ist, dass die Schuhe passen, dass Sie gut gedämpft sind und dass Sie an mögliche Fußprobleme angepasst sind.

bei der Auswahl des richtigen Schuhs individuell berücksichtigt werden können.

Was tun bei Problemfüßen?

Auch, wenn Sie Problemfüße haben, müssen Sie auf Nordic Walking nicht verzichten. Sie müssen sich nur für den richtigen Schuh entscheiden oder Ihre Schuhe entsprechend »auf- oder umrüsten«. Heute gibt es für jedes Fußproblem eine Lösung – egal ob Sie einen Senk- oder einen Hohlfuß haben oder ob Ihre Beine unterschiedlich lang sind.

Senkfuß – wenn alles platt ist

Beim Senkfuß ist das Längsgewölbe des Fußes abgeflacht. Der Fuß wird beim Gehen auf dem Innenrand aufgesetzt. Walker mit Senkfüßen brauchen deshalb möglicherweise eine Stütze am Innenfuß (Pronationsstütze). Haben Sie bislang keine Probleme mit Knie- oder Hüftgelenk oder Rückenprobleme, dann kann es sein, dass Ihr Körper den Senkfuß kompensiert hat und Sie erst einmal ohne Bedenken loswalken können. Liegen aber Gelenkprobleme bereits vor, dann sollten Sie sich, bevor Sie anfangen zu walken, von einem orthopädischen Fachhändler »messen« und beraten lassen. Dieser wird Ihnen möglicherweise eine flexible orthopädische Einlage in den Schuh empfehlen. Diese kann aus Kunststoff, Kork oder Weichschaum sein und ist innen am Fußrand verstärkt. Ein Orthopädiemechaniker fertigt diese Spezialeinlage individuell an.

Menschen mit starkem Übergewicht neigen manchmal zu Senkfüßen, weil durch das hohe Gewicht, das auf den Füßen lastet, das Fußgewölbe von den Muskeln und Bändern nicht mehr gehalten werden kann. Auch in diesem Fall sollten Sie sich um spezielle Einlagen kümmern, um den Fußschaden nicht zusätzlich zu verstärken.

Hohlfuß – wenn das Fußgewölbe zu hoch ist

Sind Ihre Schuhe meistens an der Außenseite abgelaufen? Dann könnte es sein, dass Sie einen Hohlfuß haben. Walker mit Hohlfuß rollen zu intensiv über die Außenseite und nicht entsprechend der funktionellen Fußabrollbewegung ab. Deshalb brauchen Sie möglicherweise (vor allem, wenn bereits Gelenkprobleme vorliegen) eine Einlegesohle mit Außenverstärkung und erhöhtem Außenrand.

Denn – die natürliche Stoßdämpfung ist beeinträchtigt. Achten Sie darauf, dass Ihre Schuhe besonders gut gedämpft sind.

Beinlängendifferenz – wenn ein Bein kürzer ist

Wenn ein Bein wesentlich kürzer ist als das andere, empfehlen Ärzte mechanische Hilfsmittel, um die Beinlängen auszugleichen. Wenn Sie regelmäßig mehrmals in der Woche Nordic Walking betreiben wollen und es liegen bereits Rücken- oder auch Hüftgelenkprobleme vor, dann sollten Sie mit Ihrem Arzt oder Therapeuten abklären, ob ein Ausgleich der Beinlängendifferenz notwendig ist. Denn möglicherweise ist die Beinlängendifferenz ausschlaggebend dafür, dass Ihre Gelenke ungleich belastet und dadurch verstärkt abgenutzt werden. Zum Ausgleich dieser Differenz wird der Schaft des Schuhs von der Zwischensohle getrennt und ein Keil eingearbeitet. Das funktioniert allerdings nur bei Joggingschuhen mit Schaumsohlen. Bei Modellen, die mit Luftkammer-Dämpfsystemen ausgestattet sind, geht das nicht. Alternativ kann auch eine orthopädische Sohle, die hinten verstärkt ist, in den Laufschuh eingelegt werden. Überschreitet die Beinlängendifferenz 1,5 Zentimeter, werden Keil und Einlagen häufig auch miteinander kombiniert.

- Nehmen Sie zum Kauf ein Paar alte Sportschuhe mit. Geschulte Verkäufer können daran Ihren Laufstil und mögliche Fußprobleme ablesen.
- Bringen Sie für Auswahl und Kauf genug Zeit mit und wählen Sie eine Zeit aus, in der das Geschäft eher leer ist.
- Gehen Sie im Geschäft – so gut es geht – hin und her. Denn nur in der Walkingbewegung spüren Sie, ob der Schuh wirklich gut sitzt und Sie genug Platz zum Abrollen der Zehen haben.
- Kaufen Sie Ihre Schuhe eher gegen Abend, wenn Sie tagsüber schon viel herumgelaufen sind. Dann sind die Füße leicht angeschwollen, ähnlich wie beim Nordic Walking, wenn Ihre Füße erwärmt sind.
- Nicht immer sind die teuersten Schuhe die besten. Häufig bekommen Sie die meist qualitativ gleichwertigen Modelle des Vorjahres zu einem reduzierten Preis.

Weitere Spezialschuhe für Nordic Walking

Neben Laufschuhen können Nordic Walker auch spezielle Walkingschuhe tragen. Die sind für das Walking entwickelt worden. Sie sind robuster verarbeitet und haben eine griffigere Sohle als die etwas leichteren Laufschuhe. Walkingschuhe sind besonders gut gedämpft, allerdings nicht ganz so flexibel im Abrollverhalten wie ein Joggingschuh. Walkingschuhe sind in der Regel besser für den Sport bei Regen als Joggingschuhe.
Wenn Sie nicht auf normalen Wegen marschieren, sondern querfeldein auf unebenen Flächen unterwegs sind, über Geröll und Felsen oder durch Schlamm walken, dann brauchen Sie Spezialschuhe mit richtig gutem Profil und einem festen, wasserdichten Obermaterial. Diese Trial- oder Outdoor-Schuhe sind auch sinnvoll, wenn Sie vorhaben, bei Wind und Wetter draußen zu sein. Sie halten nämlich dicht und schön trocken.

Die optimale Sportkleidung

Wenn Sie mit Nordic Walking beginnen oder Sie diese Sportart erst einmal ausprobieren wollen, benötigen Sie nicht mehr als ein Paar Stöcke und ein Paar Schuhe. Wenn Sie sicher sind, dass Nordic Walking der richtige Sport für Sie ist und Sie daraus ein Hobby machen wollen, lohnt sich die Anschaffung von funktionaler Sportkleidung. Jacken, Hosen, T-Shirts und Unterwäsche aus speziellen synthetisch hergestellten Materialien wie Lycra, Drylete, Coolmax oder Fleece. Diese leiten den Schweiß direkt nach außen und halten die Haut schön trocken. T-Shirts aus Baumwolle dagegen saugen sich mit Schweiß voll und kleben unangenehm am Körper. Eine optimale Sportkleidung sorgt bei Beginn des Trainings dafür, dass die Muskeln vor kalten Außentemperaturen geschützt werden. Während des Trainings steigt die Körpertemperatur. Dann muss der Körper Wärme nach außen abgeben können, damit er nicht überhitzt. Wenn es draußen richtig kalt ist, sollten Sie drei Kleidungsschichten übereinander tragen. Die unterste Schicht ist ein dünnes Unterhemd oder

Funktionale Kleidung kann chic aussehen.

Noch mehr Zubehör

Sie walken häufig und regelmäßig? Ein paar zusätzliche Anschaffungen machen das Walker-Leben noch angenehmer und schöner, als es ohnehin schon ist.

Elektronische Pulsuhren

Mit Hilfe elektronischer Pulsuhren ist es noch einfacher, Ihren individuellen Belastungspuls zu überprüfen. Die Herzfrequenz wird über einen Brustgurt mit integriertem Sender direkt unterhalb der Brust gemessen und an der Pulsuhr am Handgelenk abgelesen. So können Sie schnell und unkompliziert prüfen, in welcher Trainingszone Sie sich befinden.

Dennoch sollten Sie sich von der Pulsuhr nicht unter Druck setzen lassen, denn jeder Mensch reguliert seinen individuellen Puls etwas anders. So gibt es den hoch regulierenden Typ, der relativ schnell einen hohen Puls hat, ohne dass ihm die

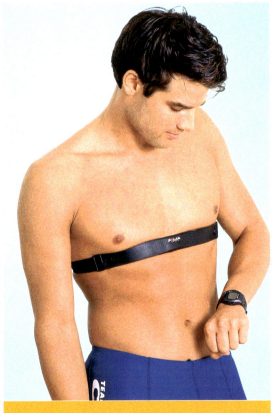

Ein Pulsmesser gibt Sicherheit.

ein Shirt aus atmungsaktivem Material, das den Schweiß aufnimmt und zur Stoffoberfläche nach außen weiterleitet. Dadurch bleibt die Haut schön trocken. Darüber sollten Sie – je nach Temperatur – ein wärmendes Kleidungsstück tragen, zum Beispiel ein T-Shirt aus Fleece-Material. Mit der dritten und letzten Schicht schützen Sie sich vor Wind und Regen. Optimal ist eine wind- und wasserundurchlässige, aber atmungsaktive Jacke.

Schützen Sie auch Ihren Kopf vor der Kälte. Walken Sie bei schlechtem Wetter nicht ohne Mütze oder Stirnband und achten Sie darauf, dass auch die Ohren geschützt sind. Im Sommer brauchen Sie eine leichte Kopfbedeckung als Sonnenschutz. Wenn Sie mit Regenjacke walken, sollten Sie darauf achten, dass diese atmungsaktiv ist. Denn, wenn der Schweiß nicht an der Körperoberfläche verdunsten kann, staut sich die Hitze und es kann zu Kreislaufproblemen kommen.

Anstrengung ins Gesicht geschrieben ist und er sich überfordert fühlt. Und auf der anderen Seite gibt es den niedrig regulierenden Typ, der sich schon sehr anstrengen muss, um auf einen etwas höheren Puls zu kommen. Horchen Sie also immer auch trotz Pulsuhr in sich hinein, das subjektive Anstrengungsempfinden ist häufig der beste Belastungsmesser.

Handschuhe

Wenn Sie längere Strecken walken, können Sie durch den aktiven Stockeinsatz Blasen an den Händen bekommen. Spezielle Nordic-Walking-Handschuhe schützen die Stellen, die einer erhöhten Belastung ausgesetzt sind – die Fläche zwischen Daumen und Zeigefinger, mit der Sie den Griff umfassen, die gesamte Handinnenfläche sowie die Haut zwischen den Fingern. Auf der Handaußenseite sind die Handschuhe aus atmungsaktiven Materialien gefertigt, sodass der Schweiß sich nicht in den Handschuhen sammelt, sondern nach draußen abgeleitet wird. Die Handschuhe gibt es für den Sommer ohne und für kältere Zeiten mit Fingerkuppen.

Taschen, Gurte, Rucksäcke

Wenn Sie längere Zeit unterwegs sind, brauchen Sie eine Möglichkeit, um Dinge unterzubringen: Schlüssel, Geld, Ohrenschützer, Trinkflasche, Sonnenbrille. Für Kleinigkeiten reicht meistens schon eine Sporthose mit Tasche. Eine Trinkflasche passt aber besser in einen speziell dafür angefertigen Gurt oder in einen Rucksack. Achten Sie darauf, dass der Rucksack sich an den Körper anschmiegt und Sie beim Walken nicht stört.

Stocktasche

Wenn Sie nicht immer nur von zu Hause aus loswalken, sondern Ihre Stöcke auch gern mit auf Reisen nehmen, können Sie sich eine speziell für Nordic-Walking-Stöcke angefertigte Stocktasche gönnen.

Sonnenbrille

Im Sommer sollten Sie Ihre Augen gegen die Sonnenstrahlen schützen. Tragen Sie eine Sonnenbrille, die auch von der Seite keine Strahlung an das Auge lässt.

Rucksack und Stocktasche für lange Nordic-Touren.

Das Training

Sie haben ein Ziel: Sie wollen gesund bleiben, leistungsfähiger werden, Gewicht reduzieren oder sich mit Nordic Walking wirkungsvoll entspannen. Jedes dieser Ziele erfordert ein systematisches Training. Sicherlich stellen Sie sich nun die Frage, wie Sie trainieren müssen, um dieses Ziel zu erreichen? Wir zeigen Ihnen, wie intensiv Sie sich belasten sollten, ohne sich zu überlasten. Sie werden eingeführt in die richtige Pulsmessung und in subjektive Trainingssteuerungsprinzipien. Und für jedes dieser Ziele erhalten Sie einen Trainingsplan, der Sie, entsprechend Ihrem individuellen Leistungsvermögen, Ihrem persönlichen Ziel in großen Schritten näher bringt.

Der Risiko-Check vor Trainingsbeginn

Über 40-Jährige, die lange nicht mehr regelmäßig Sport betrieben haben, sollten sich vor Aufnahme des Trainings vom Arzt durchchecken lassen. Nehmen Sie regelmäßig Medikamente zur Herz-Kreislauf-Regulation ein, dann sollten Sie vor Beginn des Trainings ebenfalls den behandelnden Arzt befragen. Bei der Einnahme von Beta-Blockern liegt die Belastungsherzfrequenz meist weit unter den angegebenen Grenzwerten, hier sollte vorher vom Arzt ein Belastungs-EKG durchgeführt oder mit dem Arzt zumindest Rücksprache gehalten worden sein, mit welcher Pulsdosierung gewalkt werden kann. Bevor Sie also mit Nordic Walking beginnen, konsultieren Sie bitte in diesen Fällen unbedingt einen Arzt:

- nach einem längeren Krankenhausaufenthalt,
- nach einem Hirn- oder Herzinfarkt,
- bei Schmerzen in der Brust, die möglicherweise in die linke Körperregion ausstrahlen oder von Atemnot begleitet sind,
- bei Herzrhythmusstörungen oder/und Verengung der Kranzarterien des Herzens,
- bei Durchblutungsstörungen, eventuell mit Ruheschmerzen in den betroffenen Gliedmaßen,
- bei chronischen Erkrankungen, wie zum Beispiel Diabetes mellitus, Rheuma oder Venenerkrankungen,
- bei erhöhtem Blutdruck,
- bei Einnahme von blutdruck- bzw. herzfrequenzsenkenden Medikamenten,
- bei stark ausgeprägten Krampfadern und/oder bei Neigung zu Thrombosen,
- wenn beim Gehen bereits nach etwa 100 Metern Belastungsschmerzen in den Beinen auftreten,
- bei akuten Infekten (Fieber) sowie bei Unwohlsein oder Schwächegefühl,
- bei akuten Schmerzen,
- bei einer Risikoschwangerschaft.

Die Pulsmessung am Handgelenk macht unabhängig von elektronischen Messgeräten.

Die Trainingssteuerung

Die Belastungsintensität kann auf unterschiedliche Weise gemessen werden, z.B. als Prozentsatz der maximalen Sauerstoffaufnahme (messbar im Labor), als Kalorienverbrauch pro Minute oder im unkompliziertesten Fall durch die Herzfrequenz. Um sich Ihrem individuellen Leistungsvermögen angepasst zu belasten, sollten Sie lernen Ihren Puls zu messen und auf Ihre innere Stimme zu achten. Außerdem kann uns der Puls unser momentanes Leistungsniveau zeigen.

Die Pulsmessung
Der Puls ist das am einfachsten zu messende Belastungskriterium. Dabei zählen Sie die Anzahl Ihrer Herzschläge pro Minute. Dies kann manuell durch Ertasten des Pulses am besten am Handgelenk oder genauer mit Hilfe eines elektronischen Herzfrequenz-Messgerätes geschehen. Die Messung des Pulses wird entweder an der Hals- oder Handgelenkschlagader vorgenommen. Man spürt den Puls am besten, indem Zeige-, Mittel- und Ringfinger flach nebeneinander auf die Schlagadern gelegt werden. Oder man legt die flache Hand auf die Höhe der Herzspitze und zählt dort die Schläge mit.

Der Ausgangspuls
Der Ausgangspuls wird direkt vor der Belastung, also vor Trainingsbeginn, errechnet: Zählen Sie 15 Sekunden lang Ihre Pulsschläge und multiplizieren Sie diese dann mit dem Faktor 4. Der Ausgangspuls ist wichtig, um später nach der Belastung den »Erholungspuls« zu errechnen. Diese beiden Pulswerte brauchen Sie vor allem dann, wenn Sie ganz sichergehen wollen, dass Sie sich nicht überlasten!

Der Erholungspuls
Der Erholungspuls gibt Ihnen die Sicherheit, dass Sie sich auf keinen Fall überlasten. Darüber hinaus ist er ein zusätzlicher Hinweis dafür, wie gut trainiert ein Sportler ist. Je schneller der Puls direkt nach der Belastung wieder nach unten fällt, desto eher kann man davon ausgehen, dass ein guter Fitness-Zustand vorliegt. Also: Nicht nur der Belastungspuls ist ausschlaggebend, sondern auch der Erholungspuls. Errechnet wird der Erholungspuls folgendermaßen:
1 Minute direkt nach der Belastung messen Sie Ihren Puls noch einmal 15 Sekunden lang. Dann sollte sich Ihr Puls um 1/3 der Differenz zwischen dem direkt nach der Belastung gemessenen Puls (BP) und dem Ausgangspuls (AP) reduziert haben:

Ein Beispiel: Sie haben direkt vor Trainingsbeginn einen Ausgangspuls von 80 Schlägen pro Minute. Direkt nach der Belastung haben Sie einen Puls von 140. Eine Minute nach Belastungsende sollten Sie dann nur noch einen Puls von 120 Schlägen pro Minute haben. Dann haben Sie sich sehr wahrscheinlich nicht überlastet. Ist er sogar noch niedriger, sind Sie richtig fit. Liegt Ihr Erholungspuls weit unter 120 Schlägen pro Minute, waren Sie während des Trainings möglicherweise sogar unterfordert. Das können Sie aber auch am Belastungspuls ablesen.

Der Ruhepuls
Wollen Sie wissen, wie leistungsfähig Sie im Augenblick sind? Dann messen Sie eine Woche lang morgens vor dem Aufstehen, noch im Bett liegend, 15 Sekunden lang Ihren Puls und multiplizieren Sie die Schläge mit 4. So kommen Sie auf Ihren Ruhepulswert pro Minute. Dividieren Sie Ihre

zusammengezählten Pulswerte dann durch die Anzahl der gemessenen Tage, kommen Sie auf Ihren durchschnittlichen Ruhepulswert. Dieser sagt etwas darüber aus, wie fit Sie im Augenblick sind: Ein Ruhepuls unter 55 Pulsschlägen pro Minute sagt aus, dass Sie im Herz-Kreislauf-Bereich richtig fit sind. Liegt er allerdings über 80, sollten Sie einen Arzt konsultieren, der Sie auf »Herz und Nieren« durchcheckt. Der Ruhepuls ist abhängig vom Fitness-Niveau. Ein hoher Ruhepuls kann auch das erste Anzeichen für eine kommende Infektion sein.

Der Belastungspuls
Der Belastungspuls wird entweder noch während der Belastung oder aber direkt nach Belastungsende am Handgelenk oder per elektronischen Pulsmesser gemessen.
Bei der Berechnung Ihres individuellen Belastungspulses, mit dem Sie Ihr Training steuern, gehen folgende Merkmale mit ein:
• Ihr Alter,
• Ihre vom Alter abhängige maximale Herzfrequenz (dies ist ein Orientierungswert, der einer gewissen Schätzung unterliegt: Bei Frauen = 226 – Alter, bei Männern = 220 – Alter),
• Ihr Ruhepuls (als Maß für Ihre momentane Leistungsfähigkeit),
• die gewünschte und zielbezogene Intensität des Trainings (als prozentualer Anteil der maximalen Herzfrequenz).

Bei der Berechnung Ihres individuellen Trainings(Belastungs)pulses wird, je nachdem welches Ziel Sie mit dem Training verfolgen, ein gewisser Prozentsatz der maximalen Herzfrequenz angegeben. Für das gesundheitsorientierte Training im aeroben Bereich empfiehlt sich eine Trainingsherzfrequenz von 60 bis 75 Prozent der maximalen Herzfrequenz. Beim Training zur Gewichtsreduktion beginnen wir mit einem Prozentsatz von 50 Prozent und die optimale Belastungspulsfrequenz zur Verbesserung der Ausdauerleistungsfähigkeit liegt im Bereich zwischen 70 und 85 Prozent. Bei Angaben zur Belastungspulsfrequenz ist zu beachten, dass diese stets nur Orientierungswerte sind. Die individuelle Herzfrequenz kann davon erheblich abweichen.

Der Ausgangspuls:
Direkt vor der Belastung messen:
Anzahl der Pulsschläge in 15 Sekunden mit dem Faktor 4 multipliziert

Der Erholungspuls:
Puls (nach 1 Minute) = Belastungspuls minus (Belastungspuls – Ausgangspuls) geteilt durch 3

Der Ruhepuls:
Vor dem morgendlichen Aufstehen messen, in liegender Position:
Anzahl der Pulsschläge in 15 Sekunden mit dem Faktor 4 multipliziert

Der Belastungspuls:
Puls während oder direkt nach der Belastung messen:
Anzahl der Pulsschläge in 10 Sekunden mit dem Faktor 6 multipliziert

Der individuelle Belastungspuls:
Für Frauen: (226 – Alter – Ruhepuls) x % max. Herzfrequenz + Ruhepuls
Für Männer: (220 – Alter – Ruhepuls) x % max. Herzfrequenz + Ruhepuls

Die prozentuale maximale Herzfrequenz je nach Trainingsziel:
Gesundheitstraining:
60 bis 75 % der maximalen Herzfrequenz
Gewichtsreduktionstraining:
50 bis 70 % der maximalen Herzfrequenz
Power-Training:
75 bis 85 % der maximalen Herzfrequenz

Ein Beispiel: Sie sind 40 Jahre alt, weiblich und Sie wollen Ihr Gewicht reduzieren. Sie sind eher untrainiert und Ihr Ruhepuls liegt bei 70 Schlägen/Min. Ihr Ziel ist es, Nordic Walking als begleitende Maßnahme zur Gewichtsreduktion durchzuführen. Sie füllen die Formel also mit folgenden Daten:

(226 – 40 Jahre – 70 Ruhepuls) x 0,5 (= 50 % der max. Herzfrequenz für das Gewichtsreduktionstraining) + 70 Ruhepuls = 128 Schläge/Min.

Sie sollten Ihr Training mit einem Belastungspuls von 128 Schlägen pro Minute beginnen.

Ihr Mann dagegen fährt schon seit längerem Rad und möchte seine Ausdauerleistungsfähigkeit noch weiter steigern. Er ist 46 Jahre alt und hat einen Ruhepuls von 55 Pulsschlägen/Min. Die Berechnung seines individuellen Belastungspulses sieht folgendermaßen aus:

> **(220 – 46 Jahre – 55 Ruhepuls) x 0,75**
> **(= 75% der max. Herzfrequenz für das Ausdauerleistungstraining) + 55 Ruhepuls =**
> **144 Schläge/Min.**

Falls Sie es sich einfacher machen möchten und Ihren Belastungspuls nicht ganz so genau und individuell auf Ihr momentanes Leistungsvermögen abstimmen müssen, reicht Ihnen zur Feststellung der richtigen Trainingspulsfrequenz auch die folgende Tabelle. In ihr lesen Sie in etwa Ihrem Alter entsprechend die Belastungspulse gestaffelt nach Intensitäten (60, 70 und 80 Prozent) einfach ab.

Beispiel: Sie sind 50 Jahre alt und wollen mit einer Intensität von 60 Prozent der maximalen Herzfrequenz Ihr Training beginnen. Dann lesen Sie in der Tabelle einen Belastungspuls von 102 Pulsschlägen für sich ab.

Tabelle zur Ermittlung der Trainingspulsfrequenz

Alter	Max. HF	60% max. HF	70% max. HF	80% max. HF
20	200	120	140	160
25	195	117	137	156
30	190	114	133	152
35	185	111	130	148
40	180	108	126	144
45	175	105	123	140
50	170	102	119	136
55	165	99	116	132
60	160	96	112	128

HF = Herzfrequenz

Pulsmessen in der Praxis

Nachdem Sie Ihren individuellen Belastungspuls zu Beginn Ihrer Trainingssaison ausgerechnet haben, können Sie beginnen: Vor Beginn jeder Trainingseinheit messen Sie Ihren Ausgangspuls. Während des Trainings können Sie, aber vor allem direkt am Ende Ihres Trainings sollten Sie, Ihren Belastungspuls messen. Wenn Sie sich unsicher sind, ob Sie sich möglicherweise überlastet haben, sollten Sie eine Minute nach Belastungsende auch noch Ihren Erholungspuls errechnen. Sie ziehen dann für sich den Vergleich zwischen tatsächlich gemessenem Puls und gewünschtem Puls und versuchen beim folgenden Training entsprechend »reguliert« zu walken.

Das subjektive Anstrengungsempfinden

Die Belastungsintensität speziell beim Nordic Walking kann auch anhand der selbst wahrgenommenen Anstrengung gut kontrolliert werden. Wenn Sie die Ziele »Gesundheit« oder »Gewichtsreduktion« verfolgen, sollte das Walking Sie so belasten, dass Sie es individuell als »leicht« bis »etwas schwer« empfinden. Ein wichtiges Kriterium zur Belastungssteuerung ist auch, so zu walken, dass Sie sich, ohne außer Atem zu kommen, noch unterhalten können. Gestalten Sie Ihr Training vor allem so, dass Sie sich dabei so richtig wohl fühlen. Ganz nach dem Motto: »Lieber lange langsam«.

Sie trainieren richtig, wenn Sie zwar etwas schneller, aber immer noch gleichmäßig atmen und Ihre Bewegungen nach wie vor präzise und sicher sind. Außerdem können Sie durch die Nase ein- und auch wieder ausatmen. Nach dem Training fühlen Sie sich zwar verschwitzt und belastet, aber trotzdem locker und fit. Daran merken Sie, dass Sie sich überfordern: Sie können nur noch durch den Mund ein- und ausatmen und werden zunehmend unkonzentrierter. Der Stockeinsatz funktioniert nicht mehr optimal, die Bewegung ist nicht mehr rund und harmonisch. Sie stolpern häufiger und knicken um. Nach dem Training fühlen Sie sich ausgepowert, Muskeln und Gelenke schmerzen.

Fatburning

Sie wollen Ihr Gewicht reduzieren, hatten aber schon immer etwas gegen schweißtreibenden Power-Sport? Hier die gute Nachricht: Wer mit Hilfe von Sport schlanker werden möchte, muss dazu nicht unbedingt Höchstleistungen erbringen. Gemütlich mit Stöcken durch den Wald spazieren, ein bisschen lockern, Energie tanken – und dabei Fett verbrennen. Das hört sich nicht nur gut an, es kann auch funktionieren. Wir sagen Ihnen, wie Nordic Walking dazu beitragen kann, Ihr Gewicht kurzfristig zu reduzieren und auf Dauer zu halten.

Der Unterschied von Fettverbrennung und Fettabbau

Um zu verstehen, wie Nordic Walking Ihnen helfen kann, überflüssige Pfunde abzubauen, müssen Sie zunächst den Unterschied zwischen **Fettverbrennung** und **Fettabbau** kennen lernen.

Unser Körper ist ein Wunderwerk der Natur: Er ist in der Lage, große Mengen an Energie zu speichern, die er bei Bedarf, zum Beispiel beim Sport, innerhalb von kürzester Zeit zur Verfügung stellen kann. Der Körper verfügt über unterschiedliche Energiespeicher, die er je nach Intensität und Dauer der Belastung anzapft.

Die eigentlichen Energieträger sind die Nährstoffe Kohlenhydrate und Fette. Die Kohlenhydrate sind als Glykogen (Speicherform des Traubenzuckers) in den Muskeln und der Leber gespeichert. Je nachdem, wie gut Sie trainiert sind, können bis zu 500 Gramm Glykogen in den Muskelzellen gespeichert sein. Diese Energiequelle zapft Ihr Körper dann an, wenn Sie intensiv trainieren – beim Power-Sport also. Das hängt damit zusammen, dass bei dieser Form der Energiebereitstellung in kurzer Zeit viel Energie freigesetzt wird.

Anders ist das beim Energiespeicher »Fett«. Diese Energiequelle des Körpers ist sehr viel größer. Der Körper speichert unser Fett unter der Haut im Unterhautfettgewebe, teilweise sogar im Bauchraum um die inneren Organe herum. Selbst bei sehr schlanken Menschen ist die Energie, die in den Fettdepots für uns gespeichert ist, 50-mal so groß wie die Energiemenge, die in Form von Glykogen in den Muskeln bereitliegt. Bei übergewichti-

Das richtige Training in schöner Natur ist ideal für Geist und Psyche beim Abnehmen.

Essen und Trimmen – beides muss stimmen.

verbrannt. Fettverbrennung findet im Körper immer und überall statt – auch im Ruhezustand. **Fettabbau** jedoch ist ein langfristiger Prozess. Dabei wird das Körpergewicht durch die Verringerung des Körperfettanteils tatsächlich auch reduziert. Und das passiert nur, wenn der Körper über einen längeren Zeitraum weniger Energie durch die Nahrungsaufnahme bekommt, als er verbraucht. Fettverbrennung und Fettabbau müssen also zunächst einmal unabhängig voneinander diskutiert und betrachtet werden. Sie hängen nicht unmittelbar miteinander zusammen.

Relativ oder absolut – Energiegewinnung aus Fetten

Sie verbrennen insgesamt mehr Fett, je geringer die körperliche Belastung ist. Je intensiver Ihr Training wird, desto höher wird der Anteil der Kohlenhydrate, der verbrannt wird und umso geringer wird dementsprechend der Anteil der Fettverbrennung ausfallen.

Dieses Phänomen verdeutlicht die unten stehende Grafik sehr anschaulich.

Wenn der Körper von Ruhe auf Bewegung umschaltet, wird der Stoffwechsel angekurbelt. Absolvieren Sie ein sanftes Ausdauertrainings-Programm, zum Beispiel mit 60 Prozent der maximalen Herzfrequenz, erhöht sich nicht nur die Fettstoffwechselaktivität, sondern auch – und das ist das Entscheidende – **überproportional** die Verstoffwechselung von Glukose (Traubenzucker).

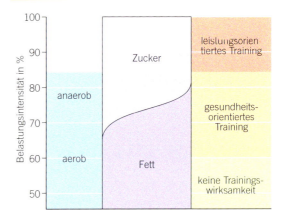
Zusammenhänge zwischen Belastungsintensität und Art der Energiegewinnung.

gen Menschen ist es entsprechend noch mehr. Die Energie unserer Fettdepots reicht aus, um damit tagelange Ausdauerleistungen vollbringen zu können, allerdings nur mit geringer Intensität. Die Energiequelle »Fett« wird also dann angezapft, wenn die Belastung relativ gering ist, dafür kann sie jedoch sehr lange andauern.

Der Begriff **Fettverbrennung** bezeichnet demnach eine Form der Energiebereitstellung des Körpers – nämlich die, bei der die Energiequelle »Fett« angezapft wird. Dabei werden freie Fettsäuren, die bei der Spaltung des Depotfetts entstehen, im Körper

Trotzdem liegt der Anteil der Energiegewinnung aus Fetten immer noch bei etwa 80 Prozent. Trainieren Sie intensiver, also zum Beispiel mit 70 Prozent der maximalen Herzfrequenz, bezieht der Körper einen geringeren Anteil der benötigten Energiemenge aus Fetten (etwa 60 Prozent) und einen entsprechend höheren Anteil aus Kohlenhydraten (etwa 40 Prozent).

Während eines sanften Ausdauertrainings verbrennen Sie also im Verhältnis mehr Fett als Kohlenhydrate.

> **Die relative Energiegewinnung aus Fetten ist bei niedrig dosiertem Ausdauertraining höher als bei einem intensiven Training.**

Das heißt aber nicht, dass Sie auch tatsächlich mehr Energie verbrauchen.

Dies verdeutlicht die folgende Beispielrechnung: Wenn Sie langsam laufen, verbrauchen Sie dabei etwa 8 Kilokalorien Energie pro Minute (abhängig vom Körpergewicht und Geschlecht). Bei einer anteiligen Energiegewinnung aus Fetten von etwa 80 Prozent, werden also 6,4 Kilokalorien pro Minute aus Fetten verbrannt. Laufen Sie schneller, verbrauchen Sie durchschnittlich 15 bis 18 Kilokalorien pro Minute. Der Anteil der bereitgestellten Energie aus Fettsäuren liegt nur bei 50 bis 60 Prozent. Insgesamt ist der Energieverbrauch aus Fetten jedoch höher – er liegt bei etwa 9 Kilokalorien pro Minute. Halten beide Läufer gleich lange durch, verbraucht der schnelle Läufer also insgesamt mehr Energie als der langsame. Das heißt:

> **Der Gesamtenergieverbrauch (absolute Energiegewinnung aus Fetten) ist bei einem intensiven Training in der Regel höher als bei sanftem Ausdauersport. Vorausgesetzt – das Training kann gleich lange durchgehalten werden.**

Energieverbrauch beim Nordic Walking

Klar ist – der Körper geht nur dann an seine Speckreserven, wenn die Energiebilanz negativ ist. Sie müssen also mehr Energie verbrauchen, als sie

aufnehmen, dann verlieren Sie auch an Gewicht. Denn in dem Fall bleibt dem Körper gar nichts anderes übrig, als seine Fettpolster anzugreifen. Schließlich hat er sie nur für diesen Zweck dort angesiedelt. Wenn Sie 7000 Kilokalorien mehr verbrauchen, als Sie aufnehmen, reduzieren Sie Ihr Körperfett um ein Kilogramm. Die Frage, die natürlich ganz besonders interessiert ist die folgende.

Wie viel Energie verbrenne ich denn beim Nordic Walking?

Um den tatsächlichen Energieverbrauch beim Nordic Walking errechnen zu können, eignet sich die Umrechnung in so genannte Metabolische Einheiten. Eine Metabolische Einheit (MET) entspricht dem Energieaufwand, den eine erwachsene Person einsetzen muss, um eine Stunde lang aufrecht zu sitzen. Sie verbrauchen im Sitzen also 1 MET pro Stunde. Um bestimmen zu können, wie viel Kalorien Sie beim Nordic Walking verbrennen, müssen Sie folgende Größen kennen:

• die MET, die Sie pro Stunde für die sportliche Aktivität verbrauchen,
• Ihr Körpergewicht,
• die Zeit, die Sie gewalkt sind und wenn möglich,
• die Streckenlänge, die Sie gewalkt sind, um die Intensität abzuschätzen.

Die Formel zur Errechnung der verbrauchten Kalorien ist dann:

> **Die verbrauchten MET x kg Körpergewicht x 1 Std. = Kalorienverbrauch für 1 Stunde**

Vom normalen Walking ausgehend kann man für das Nordic Walking einen Verbrauch von etwa 5 MET pro Stunde bei einer Geschwindigkeit von 6 Stundenkilometern abschätzen (dafür brauchen Sie Ihre zurückgelegte Streckenlänge und die dafür benötigte Zeit). Bei einer höheren Intensität von etwa 8 Stundenkilometern können Sie mit einem höheren Wert von etwa 6 MET pro Stunde rechnen.

Beispielrechnung: Sie wiegen 70 kg und sind 40 Minuten lang mit einer Geschwindigkeit von etwa 6 Kilometer pro Stunde mit Stöcken gewalkt. Dann errechnet sich Ihr Kalorienverbrauch wie folgt:

> (5 MET x 70 kg Körpergewicht) x
> (40 Min. : 60 Min.) = 233 Kilokalorien

Sie haben also durch 40 Minuten Nordic Walking bei einer Geschwindigkeit von etwa 6 Stundenkilometern einen Energieaufwand von 233 Kilokalorien zusätzlich erarbeitet. Würden Sie also dreimal pro Woche dieses Nordic-Walking-Programm absolvieren, verbräuchten Sie zusätzlich immerhin fast 700 Kilokalorien wöchentlich – und das bei einem Zeitaufwand von 2 Stunden pro Woche! Das lohnt sich doch, oder? Auswirkungen auf Ihr Gewicht hat das Training aber nur dann, wenn Sie nicht gleichzeitig mehr essen als sonst. Wollen Sie Ihr Gewicht langfristig reduzieren, sollten Sie zusätzlich zu Ihrem Trainingsprogramm fettreduziert essen. Denn mit jedem Gramm Fett, dass Sie über die Nahrung aufnehmen, führen Sie sich etwa 9 Kilokalorien zu. Mit einem Gramm Kohlenhydrate oder Eiweiß nehmen Sie dagegen nur etwa 4 Kilokalorien Energie auf.

Nordic Walking zur Gewichtsreduktion

Wie sollte Ihr Nordic-Walking-Trainingsprogramm aussehen, wenn es Ihr vorrangiges Ziel ist, Gewicht zu reduzieren oder zu halten?

Nein-Zeichen:
Aus dem bisher Gesagten könnte man das Folgende schließen: Die Menge des abgebauten Fetts ist allein davon abhängig, wie viel Energie mehr verbraucht als aufgenommen wird. Also ist ein Training, bei dem Sie möglichst viel Energie verbrauchen, zur Gewichtsreduktion sinnvoll, weil effektiv. Daraus folgt – hoch intensives Ausdauertraining über eine möglichst lange Zeit gehalten, kann zur Gewichtsreduktion empfohlen werden.

Ja-Zeichen:
Dies ist aber nur die halbe Wahrheit. Denn – solche hohen Intensitäten können nur von sehr gut trainierten Sportlern über längere Zeit durchgehalten werden. Sportanfänger oder weniger gut Trainierte

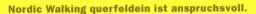

Nordic Walking querfeldein ist anspruchsvoll.

müssen den Sport meist vorzeitig abbrechen. Das wichtigste Argument gegen Power-Sport zur Gewichtsreduktion: Die größten Energiespeicher des Menschen, die Fettdepots werden beim Hardcore-Sport umgangen, statt sie gezielt zu aktivieren. Und – biologische Systeme, die nicht genutzt werden, verkümmern. Dies ist auch beim Fettstoffwechsel der Fall. Trainieren Sie Ihren Fettstoffwechsel gezielt, indem Sie ein sanftes Nordic-Walking-Programm absolvieren, dann verbrennen Sie zwar möglicherweise kurzfristig weniger Energie, dafür haben Sie aber mittel- und langfristig mehr davon. Denn ein trainierter Fettstoffwechsel verbrennt auch in Ruhe mehr Fette als ein untrainierter. Außerdem ist das Fettstoffwechseltraining ein zusätzlicher Schutz für die Gesundheit, weil dadurch das schlechte Cholesterin (LDL) abgebaut, das gute Cholesterin (HDL) erhöht und die Immunabwehr gestärkt wird. Power-Training hat für Sportanfänger nur Nachteile: Ihnen geht schneller die Puste aus, sie schaden ihrem Immunsystem, das Risiko, sich zu verletzen oder ihren Bewegungsapparat zu überfordern ist viel größer.

Das Fazit: Intensiver Power-Sport bringt zwar kurzfristig einen höheren Kalorienverbrauch, trainiert jedoch nicht den Fettstoffwechsel. Sanftes Nordic Walking dagegen bringt für den Moment einen geringeren Kalorienverbrauch. Mittel- und langfristig ist es jedoch sinnvoller, weil dadurch das Gewicht dauerhaft besser kontrolliert werden kann.

In wissenschaftlichen Studien wurde nachgewiesen, dass bei einer Belastung zwischen 50 und 70 Prozent der maximalen Herzfrequenz die Fettverbrennung am effizientesten funktioniert. Wenn es um Fettverbrennung und Fettabbau geht, steht das Training unter dem Motto: »Lieber länger langsam«. Sie sollten also lieber länger trainieren, als schneller. So errechnen Sie Ihren optimalen Trainingspuls für das Fatburn-Training:

Optimaler Trainingsbereich zur Fettverbrennung:

Untere Grenze:

(220 bzw. 226 – Alter – Ruhepuls) x

0,5 + Ruhepuls

Obere Grenze:

(220 bzw. 226 – Alter – Ruhepuls) x

0,7 + Ruhepuls

Die Belastungsintensität beim Gewichtsreduktionstraining ist auch deshalb niedrig, weil sich Ihr Organismus erst daran gewöhnen muss, mehr Fett und weniger Kohlenhydrate während einer Belastung umzusetzen. Dies passiert allerdings nicht von Anfang an – es erfordert regelrecht Training. Der Begriff »Fettstoffwechseltraining« macht das sehr deutlich.

Nordic Walking bietet einen weiteren Vorteil: Sie trainieren damit nicht nur Ihren Fettstoffwechsel, sondern bauen gleichzeitig Muskulatur auf. Vor allem durch den Stockeinsatz trainieren Sie die Muskeln an Rücken, Brust, Schultern und Armen effektiv. Und – je mehr Muskelmasse Sie aufbauen, umso besser. Denn in den Muskeln sitzen die Verbrennungsöfen für Fett. Je mehr Muskeln Sie kräftigen und auch aktiv einsetzen, desto mehr Energie verbrauchen diese Muskeln. Aktive, gut trainierte Muskeln sind die besten Fatburner! Und das gilt nicht nur für den Energieverbrauch während des Sports. Wer mehr Muskeln hat, verbrennt sogar in Ruhe mehr Energie: Der Grundumsatz ist höher, weil mehr Brennöfen aktiv sind. Aktive Sportler verbrennen allein durch diesen Effekt täglich bis zu 100 Kilokalorien mehr.

Hinzu kommt der Nachbrenn-Effekt: Entscheidende Prozesse spielen sich auch nach dem Sport ab. Nach jeder Nordic-Walking-Tour ist Ihr Grundumsatz erhöht. Je nach Intensität der Bewegung teilweise sogar über viele Stunden. Auch dadurch verbrauchen Sie verstärkt Energie. Nicht viel, aber die Summe bringt's!

Das Trainingsprogramm zur Gewichtsreduktion

Das von uns zusammengestellte Trainingsprogramm über die Dauer von 12 Wochen berücksichtigt das Zusammenspiel von Belastungsintensität und Fettstoffwechseltraining. Für dieses Programm brauchen Sie Geduld: Die Anpassung des Fettstoffwechsels geschieht nicht von heute auf morgen – sie benötigt Zeit. Außerdem werden Sie in diesen 12 Wochen, wenn Sie Ihre Energiezufuhr nicht zusätzlich einschränken, nur wenig Gewicht verlieren. Das hängt damit zusammen, dass Muskelmasse schwerer ist als Fettmasse. Und beim Nordic Walking bauen Sie Ihre Muskeln auf. Gut so, denn die benötigen

Woche	1–4	5–8	9–12
Optimale Trainingsherz-frequenz	50% HF max.	60% HF max.	70% HF max.
Trainingszeit	30–40 Min.	40–50 Min.	50–60 Min.
Einheiten pro Woche	2	2–3	3

Sie zur Fettverbrennung. Also Geduld – es lohnt sich! Langfristig wird sich dieses Programm als sinnvoll erweisen.

Schauen Sie sich die Tabelle an: Zur Umrechnung auf Ihren individuellen Belastungspuls bedeutet das für Ihr Training, dass Sie in den ersten 4 Wochen mit der unteren Grenze des optimalen Trainingsbereichs zur Fettverbrennung rechnen. Dann steigern Sie die Intensität ab der 5. Woche auf 60 Prozent und mit 70 Prozent der maximalen Herzfrequenz sind Sie dann ab der 9. Woche schon in einem durchaus intensiven Bereich. Wenn sich Knochen, Gelenke, Bänder, Sehnen und Muskeln erst einmal an die Belastung gewöhnt haben, ist es zur langfristigen Gewichtsreduktion sinnvoll, möglichst oft zu trainieren. Im Zweifel lieber etwas kürzer, dafür aber häufiger.

Ideale Kombination – Ernährung plus Sport

Wer abnehmen will, braucht eine negative Energiebilanz. Und dazu gibt es zwei Möglichkeiten: Entweder Sie nehmen weniger Energie auf (durch das Einsparen von Nahrung) oder Sie verbrennen mehr Energie (durch regelmäßige Bewegung). Der beste, weil effektivste Weg ist das Zusammenspiel von Bewegung und Ernährung. Wer sein Gewicht reduzieren und anschließend seine gute Figur auf Dauer behalten will, sollte an beiden Schrauben gleichzeitig drehen. Sie sollten wissen, dass langfristig nur das regelmäßige und dauerhafte Abstimmen von Kalorienverbrauch und Kalorienzufuhr erfolgreich ist.

Kurzfristige Crash-Diäten bringen kaum etwas: Unser Körper merkt nämlich sofort, wenn er plötzlich weniger Energie bekommt. Er startet sein Programm für Notsituationen: Der Grundumsatz wird gesenkt, das heißt in Ruhe wird weniger Energie verbraucht als üblich. Gleichzeitig werden Verbrennungsmotoren, Muskeln also, abgebaut. Das ist beides schlecht, weil es das Abnehmen erschwert. Essen Sie dann nach der Diät wieder so wie vorher, legt der Körper diese im Augenblick überschüssige Energie in »stabileres« Fett an und leider nicht in Muskulatur. Sie nehmen innerhalb von ganz kurzer Zeit wieder zu. Häufig ist das Gewicht nach dieser Phase sogar größer als das Ausgangsgewicht vor der Diät. Dieses Prinzip ist als »Jo-Jo-Effekt« bekannt und begleitet jede Diät, die nicht mit Sport kombiniert wird.

Hinzu kommt, dass es einfach viel mühsamer ist, allein durch das Einsparen von Energie eine negative Energiebilanz herzustellen. Viele Menschen, die eine Diät machen, sind ständig schlecht gelaunt und mies drauf. Die Fitness nimmt ab, die Nerven liegen blank. Wenn Sie sich täglich etwas bewegen, ist es viel einfacher, die Pfunde purzeln zu lassen: Sie müssen sich beim Essen nicht so stark zurücknehmen, Ihr Grundumsatz wird nicht zurückgefahren und Ihre Muskeln (Brennöfen für Fett) werden nicht ab-, sondern aufgebaut.

Häufig essen, um abzunehmen

Es klingt paradox: Wer abnehmen möchte, sollte nicht weniger Mahlzeiten zu sich nehmen, sondern mehr. Wenn Sie, um Kalorien einzusparen, eine Mahlzeit ganz weglassen, ist das Risiko groß, dass Sie beim nächsten Essen so richtig »zuschlagen«. Wer lange Zeit nichts isst, füllt danach mit einer einzigen Mahlzeit oft mehr Energie nach, als wenn er über den Tag verteilt mehrere kleine Häppchen zu sich nimmt. Hinzu kommt, dass lange Esspausen Ihre körperliche und geistige Leistungsfähigkeit beeinträchtigen können. Besonders Gehirn und Nerven benötigen einen ständigen Zuckernachschub. Sonst funktionieren sie nicht mehr richtig: Sie werden unkonzentriert, nervös und verlieren Ihre Gelassenheit. Wenn lange Esspausen in Verbindung mit Riesen-Mahlzeiten nicht nur Ausnahmen sind, sondern zur Regel werden, sind die negativen Auswirkungen auf Ihre Figur noch größer: Sie trainieren damit nämlich das Fett speichernde System Ihres Körpers. Und der legt dann in den Pausen vorsorglich schon einmal Energievorräte an, weil er ja voraussichtlich wieder lange keine Nahrung bekommt.

Versuchen Sie es also besser mit drei kleinen, leichten Hauptmahlzeiten und zwei fettarmen Zwischenmahlzeiten. Dadurch bleibt Ihr Stoffwechsel ständig aktiv, der Blutzuckerspiegel stabilisiert sich und Ihre körperliche und geistige Leistungsbereitschaft bleibt erhalten.

Fettarm essen, um abzunehmen

Fett ist unser größter Dickmacher. Mit jedem Gramm Fett, das Sie über die Nahrung zuführen, nehmen Sie 9 Kilokalorien Energie auf. Im Vergleich: Pro Gramm Kohlenhydrate oder Eiweiß sind es nur jeweils 4 Kilokalorien. Der Körper braucht das Fett erst gar nicht aufwändig umzuwandeln, er schickt es als Energievorrat direkt in seine Fettzellen. Hinzu kommt, dass Fett weniger sättigt als Eiweiß oder Kohlenhydrate. Wenn Sie abnehmen wollen, reicht es meistens aus, an Fett zu sparen. Doch: Fett ist nicht gleich Fett. Fette enthalten Fettsäuren, und die sind zum Teil lebensnotwendig.

Gesättigte Fettsäuren lagern sich in den Gefäßen ab und fördern Herz-Kreislauf-Erkrankungen. Sie heißen »gesättigt«, weil sie keinen Bindungsplatz mehr frei haben, an dem chemische Reaktionen ablaufen können. Gesättigte Fettsäuren befinden sich vor allem in Butter, Sahne, Wurst, fettem Käse, Schokolade und fettem Fleisch.

Ungesättigte Fettsäuren dagegen sind wichtig für die Gesundheit: Sie senken den Cholesterinspiegel und halten die Gefäße leistungsfähig und fit. Einfach ungesättigte Fettsäuren haben einen freien Bindungsplatz, zweifach ungesättigte Fettsäuren entsprechend zwei freie Bindungsstellen. Je stärker ungesättigt die Fettsäuren sind, desto reaktionsfreudiger sind sie. Einige Fettsäuren sind gleich doppelt oder dreifach ungesättigt. Ungesättigte Fettsäuren verstecken sich in Pflanzenölen (zum Beispiel Oliven-, Walnuss-, Sonnenblumen- und Rapsöl) und in Fischen. Ernährungsberater empfehlen, jeweils in gleichen Teilen gesättigte, einfach ungesättigte und mehrfach ungesättigte Fettsäuren zu sich zu nehmen. In der Regel essen wir zu viel Wurst, fetten Käse, Fleisch und Butter, nehmen also zu viel ungesunde, gesättigte Fettsäuren zu uns. Uns fehlen die mehrfach un-

Tipp

Gesunde Ernährung heißt vor allem bewusste Ernährung. Mit den folgenden Tipps fällt Ihnen die Gewichtsreduktion leichter.

- **Genießen Sie Ihre Mahlzeiten. Kauen Sie bewusst langsam und gründlich, damit Ihr Körper ein Sättigungsgefühl entwickelt.**

- **Nehmen Sie sich Zeit und essen Sie in Ruhe.**

- **Schränken Sie den Anteil an gesättigten Fettsäuren ein, indem Sie statt zur Butter zur Halbfettmargarine greifen.**

- **Peppen Sie Ihren Speiseplan durch frisches Obst und Gemüse auf, das sie auch immer mal als Zwischenmahlzeit genießen können.**

Wasser stillt den Durst und nimmt das Hungergefühl.

gesättigten Fettsäuren, die in Fischen und Pflanzenölen enthalten sind.
Wenn Sie Ihr Gewicht reduzieren wollen, sollten Sie vor allem an den gesättigten Fettsäuren sparen: Verzichten Sie auf Butter oder streichen Sie sie nur dünn aufs Brot. Steigen Sie bei Wurst, Käse und Fleisch auf fettärmere Sorten um. Wenn Sie es schaffen, pro Tag 30 bis 40 Gramm Fett einzusparen, ist das optimal, um abzunehmen.

Die Rolle der Kohlenhydrate und Proteine beim Fettabbau

Wenn Sie zu viel Kohlenhydrate und Proteine mit Ihrem Essen und Trinken zu sich nehmen, ist die Gewichtszunahme nicht so groß wie mit zu viel gegessenem Fett. Das hängt damit zusammen, dass die Kohlenhydrate erst mit einem großen Aufwand in Depotfett umgewandelt werden müssen. Dabei wird bereits wieder etwa 23 Prozent der zugeführten Energie verbraucht. Die Fettspeicherung aus Kohlenhydraten ist also für den Körper viel aufwändiger und weniger ökonomisch.

Trotzdem: Wenn Sie Ihre Energiebilanz überschreiten, also mehr Kalorien aufnehmen als verbrauchen, verwandelt der Körper auch Kohlenhydrate in Depotfett und Sie nehmen zu. Wer dünner werden möchte, sollte jedoch seine Kohlenhydratzufuhr nicht übermäßig reduzieren. Denn Kohlenhydrate und Proteine sind eine Voraussetzung dafür, dass der Fettabbau richtig funktioniert. Ein ernährungswissenschaftlicher Grundsatz lautet: Fette verbrennen im Feuer der Kohlenhydrate. Damit ist gemeint, dass Depotfett nur im Zusammenspiel mit Kohlenhydraten vollständig verbrannt werden kann.

Wasser macht schlank – Alkohol fett

Während einer Diät ist eine ausreichende Flüssigkeitsaufnahme besonders wichtig, um Herz, Kreislauf und Nieren gesund zu erhalten. Der Grund: Wenn Sie abnehmen, baut der Körper Fett und Eiweiß ab. Dadurch entstehen Stoffwechselprodukte, die mit dem Urin ausgeschieden werden müssen. Wenn Sie während einer Diät nicht genug trinken, werden die Substanzen nicht schnell genug ausgeschieden. Wer weniger isst, sollte also unbedingt viel trinken! Vor allem Wasser. Sie können unnötige Kalorien einsparen, wenn Sie den ganzen Tag über immer wieder ein Glas Wasser trinken. Dann ist der Magen immer etwas gefüllt und Sie haben weniger Hunger.

Alkohol dagegen macht fett. Zum einen liefert ein Gramm Alkohol 7 Kilokalorien Energie, das ist fast so viel wie ein Gramm Fett. Hinzu kommt, dass der Fettabbau im Körper zurückgestellt wird, wenn der Organismus Alkohol abbauen muss. Und Alkohol macht hungrig. Nicht umsonst wird er als Aperitif gereicht. Wer abnehmen möchte, sollte also viel Wasser und keinen Alkohol zu sich nehmen.

Gesund genießen – leicht abnehmen

Wenn Sie abnehmen wollen, darf Ihre Diät vor allem nicht einseitig sein. Sie muss alles enthalten, was der Körper braucht. Es ist wichtig, die Kalorien an den richtigen Stellen einzusparen – bei der Wurst, beim Käse, bei Süßigkeiten, Schokolade und Fast-Food. Gemüse und Obst dürfen Sie dagegen in allen Variationen genießen, sie enthalten kaum Fett. Auf die Salatsoße mit Oliven- oder Walnussöl müssen Sie nicht verzichten – schließlich brauchen Sie die ungesättigten Fettsäuren. Und – essen Sie ruhig öfter Fisch.

Wenn Sie Ihre Ernährung umstellen wollen, hilft es häufig, sich zu fragen, warum Sie gerade jetzt Lust auf Eis, Schokolade oder fettes Fleisch haben. Viele Menschen machen dabei die Erfahrung, dass sie essen, weil andere es auch tun, weil Essenszeit ist oder weil sich bei einem Schinkenbrötchen Stress und Hektik einfach besser ertragen lassen. Versuchen Sie herauszufinden, wann Ihr Körper wirklich nach Essen verlangt und versuchen Sie auch nur dann etwas zu sich zu nehmen. Vielleicht müssen die Erdnüsse vor dem Fernseher ja gar nicht unbedingt sein und der Heißhunger auf Schokolade ist nach dem Telefonat mit der Freundin auch schon verschwunden.

Cholesteringehalt (Milligramm/100 g) und Anteil gesättigter und ungesättigter Fettsäuren (Gramm/100 g) einiger Nahrungsmittel				
Nahrungsmittel	Gesamtfett	Mehrfach unge-sättigte Fettsäuren	Gesättigte Fettsäuren	Cholesterin
Reis, poliert	0,67	0,17	0,17	0,0
Naturreis	2,17	0,83	0,33	0,0
Roggenvollkornbrot	1,2	0,6	–	0,0
Brathähnchen	9,6	2,5	1,9	99
Ente	17,2	3,1	4,8	80
Gans	31,0	4,4	8,9	86
Rindfleisch, Filet	4,0	0,2	1,2	70
Schweinefleisch, Filet	2,0	0,1	0,8	70
Schweineleber	4,9	1,1	1,7	350
Aal, frisch	24,5	3,2	5,7	164
Forelle, frisch	2,7	1,0	0,5	30
Rotbarsch	3,6	0,9	0,7	38
Tunfisch	15,5	4,6	4,1	100
Butter	83,0	3,0	48	240
Maiskeimöl	100	53	13	2,0
Margarine	80	26	24	7,0
Olivenöl	100	9,0	13	1,0
Eier	11,15	1,54	3,08	410
Trinkmilch 3,5 % Fett	3,5	0,1	2,1	12

Power-Training heißt Geschwindigkeit und Technik verändern.

Power-Training: Fitness- und Leistungssteigerung mit Nordic Walking

Wenn Sie Nordic Walking über einen längeren Zeitraum hinweg betreiben, bekommen Sie vielleicht bald das Gefühl, dass Tempo und Belastung Ihnen nicht mehr ausreichen. Kein Wunder, denn Herz, Kreislauf, Muskeln und Gelenke passen sich nach relativ kurzer Zeit erfolgreich an die regelmäßige Beanspruchung an. Wenn Sie immer nur das gleiche Trainingspensum absolvieren, bieten Sie Ihrem Körper damit keine Herausforderung mehr. Vielen Menschen reicht es aus, über Jahre hinweg immer mit der gleichen Belastungsintensität zu trainieren. Sie wollen Ihre Leistung nicht steigern, sondern nur etwas für die Erhaltung ihres Fitness-Levels, für Gesundheit und Stressbewältigung tun. Sie gehören nicht zu diesen Menschen? Sie sind auf der Suche nach mehr – mehr Tempo, mehr Power, mehr Abwechslung? Kein Problem – mit ein paar Tipps, Tricks und Power-Techniken wird Nordic Walking zu einem intensiven, abwechslungsreichen Sport. Nutzen Sie die Möglichkeiten, die die Stöcke Ihnen bieten!

Was bringt Power-Training?
Mehr Fitness
Wenn Sie ein Nordic-Walking-Intensivtraining absolvieren, verbessern Sie Ihren Fitness-Level zunehmend. Herz und Kreislauf arbeiten ökonomischer. Ihr Körper kann in der gleichen Zeit noch mehr Sauerstoff aufnehmen. Sie fühlen sich fitter und leistungsfähiger.

Mehr Kalorienumsatz
Wenn Sie wenig Zeit haben, aber trotzdem viele Kalorien verbrennen wollen, ist das Power-Training ebenfalls sinnvoll. Denn: Je mehr Sie powern, umso mehr Kalorien verbrennen Sie absolut. Das Training im Fettstoffwechselbereich hat andere Vorteile: Sie verbrennen im Verhältnis mehr Fett als Kohlenhydrate und trainieren Ihren Fettstoffwechsel insgesamt. Das sollte immer das erste Ziel sein, wenn man sein Gewicht reduzieren möchte. Denn dann verbrennen Sie bei allem, was Sie tun, mehr Fette, als wenn Sie Ihren Fettstoffwechsel nicht

»trainiert« hätten. Beim Power-Training verbrennen Sie zwar im Verhältnis mehr Kohlenhydrate als Fette, trotzdem verbrauchen Sie insgesamt mehr Kalorien, weil der Energieeinsatz einfach höher ist. Der Vorteil des Power-Trainings: in kürzerer Zeit der gleiche oder eventuell sogar ein höherer Kalorienverbrauch!

Mehr »Luftablassen«

Wer im Alltag extrem angespannt ist, Gefühle von Ärger und Wut unterdrückt und deshalb stark unter Strom steht, kann sich beim Power-Sport manchmal besser entspannen als beim moderaten Training. Denn – beim kraftvollen Körpereinsatz können Sie ordentlich Dampf ablassen und Ihren Ärger und Ihre Wut mal so richtig abreagieren.

Nordic-Walking-Power-Techniken

Nordic Walking hat viele Gesichter. Je nach Leistungsvermögen, Gelände, körperlichen Beschwerden oder auch Lust und Laune, kann man sich für die ein oder andere Power-Technik entscheiden. Dabei ist es durchaus auch sinnvoll, zwischen diesen Techniken innerhalb einer Trainingseinheit abzuwechseln. Mit diesen Power-Techniken machen Sie das Nordic Walking intensiver und abwechslungsreicher. Bauen Sie die Techniken immer mal wieder in Ihr Training ein – solange Sie die Puste dazu haben und es Ihnen gut tut. Mal nur 3 Minuten, dann auch mal 5 oder 10 Minuten. Vielleicht auch nur bei Bergauf-Passagen oder Sie führen alle 5 Minuten eine Power-Sequenz von 1 bis 2 Minuten durch. Das bringt Abwechslung und treibt den Puls in die Höhe. In diesen kurzen intensiven Sequenzen kann der Puls dann auch durchaus über die 85%-Grenze hinausgehen. Achten Sie auf Ihr Körpergefühl und lassen Sie dann eine ausreichende Erholungszeit zu, bevor Sie mit der nächsten intensiven Power-Sequenz einsetzen.

Rolltraben mit Stöcken

Das Besondere an dieser Technik ist der extreme Einsatz der Fuß- und Wadenmuskulatur. Dadurch ergibt sich ein äußerst wirksames Venentraining und eine körperliche Zusatzbelastung, die das Herz-Kreislauf-Training durch Nordic Walking noch wirksamer macht. Diese Technik lebt nicht

Info

Bitte beachten!

Das Nordic-Walking-Intensivtraining eignet sich für Sportler, die ihre Ausdauerleistungsfähigkeit verbessern und spezielle Muskelgruppen kräftigen wollen und die vorab einen Check-up beim Arzt durchgeführt haben (wenn Sie 40 Jahre und älter sind) und keine gesundheitlichen Probleme (Herz, Gelenke) haben.

Außerdem eignet es sich für Menschen, die bereits regelmäßig seit mindestens 6 Monaten Nordic Walking betreiben und auch schon vorher sportlich aktiv waren.

Das Training | Power-Training: Fitness- und Leistungssteigerung

Power-Training dient der Fitness- und Leistungssteigerung.

Rolltraben mit Stöcken.

von der Geschwindigkeit, sondern vom intensiven Einsatz der Beinmuskulatur und der Koordination. Gerade Personen mit Venen- und Fußschwächen ist diese Variante des Nordic Walking zu empfehlen.

Wie geht's?
Die Schrittlänge ist extrem kurz. Dafür rollt der Fuß ganz bewusst und intensivst von der Ferse auf den Großzehenballen ab. Das Abrollen des Fußes simuliert eine Art »Stempelbewegung«: Man stempelt von hinten nach vorne bewusst mit Druck. Dadurch ist das Rolltraben eher gekennzeichnet durch eine Hoch-Tief-Bewegung als durch eine Bewegung nach vorne. Trotzdem bleibt dabei immer ein Bein am Boden und es kommt zu keinen Sprüngen.
Die Stöcke werden dabei weniger nach vorne/oben geschwungen, sondern setzen eher neben/hinter dem Körper ein und unterstützen die Hoch-Tief-Bewegung. Man könnte diese Bewegung auch annähernd vergleichen mit einem flotten »pantomimischen Gehen«.
Das macht Spaß – probieren Sie es aus!

Sprunglaufen mit Stöcken

Eine äußerst intensive Beanspruchung für Muskulatur, Herz-Kreislauf, aber auch die Gelenke bietet das Sprunglaufen mit Stöcken. Hierbei wird nicht nur die Sprungkraftausdauer, sondern durch den intensiven Stockeinsatz auch die gesamte Arm- und Rumpfmuskulatur effektiv trainiert. Für Personen, die Gelenkbeschwerden haben, ist diese Form des Nordic Walking allerdings nicht zu empfehlen.

Wie geht's?

Kennzeichnend für diese Technik ist das intensive Abdrücken bzw. Abspringen des hinteren Fußes vom Boden nach vorne. Das vordere Knie wird gleichzeitig nach vorne/oben angehoben, sodass eine Flugphase entsteht. Die anschließende Landephase auf dem Fußballen vorne ist gleichzeitig die Vorbereitung für das nächste Abdrücken vom Boden.

Dieser anstrengende Sprunglauf wird perfekt unterstützt durch die Stöcke, die diagonal eingesetzt werden. Mit Hilfe des zusätzlichen Abdrückens durch die Stöcke kann der Absprung unterstützt, die Flugphase verlängert und die Belastung bei der Landephase reduziert werden. Besonders intensiv wird dieses Training in einem ansteigenden Gelände.

Sprunglaufen mit Stöcken.

Woggen mit Stöcken

Wie das Wort »Woggen« schon signalisiert, steckt das Wort »Joggen« dahinter. Diese Art des Nordic Walking ist eine Übergangsform zwischen Walken und Joggen. Sie ist aber in keinem Falle mit dem sportlichen Gehen und entsprechendem »Hüftwackeln« zu vergleichen! Zu empfehlen ist das Woggen mit Stöcken Personen, die auf Grund von Gelenkbeschwerden mit dem Joggen aufhören mussten und eine Alternative suchen. Woggen kann aber auch für all diejenigen interessant sein, die sich zwar nicht so intensiv wie beim Sprunglaufen, aber doch intensiver als beim normalen Walking belasten wollen.

Wie geht's?

Beim Woggen ist die Schrittlänge kürzer als beim Nordic Walking, aber länger als beim Rolltraben. Es kommt zu einem intensiveren Sprunggelenkeinsatz als beim Nordic Walking, was zur Folge hat, dass auch die Hoch-Tief-Bewegung ausgeprägter ist als beim Nordic Walking. Würde man mit beiden Füßen kurzfristig vom Boden abheben, wäre

Woggen mit Stöcken.

Die Technik des Doppelstockeinsatzes bergauf ...

Der 3-Monats-Plan für Power-Sportler

Dies ist ein 3-Monats-Plan für den fortgeschrittenen Power-Sportler. Allerdings – Menschen sind völlig unterschiedlich und alle Sportler können nicht über einen Kamm geschoren werden. Denn: Auch bei Fortgeschrittenen sind die körperlichen Voraussetzungen sowie die Lust und die Motivation, sich zu belasten, immer anders. Sie müssen sich nicht sklavisch an den vorgegebenen Plan halten.

Wenn Sie Lust und Zeit haben, häufiger als dreimal pro Woche zu walken – kein Problem. Optimal ist es, wenn sich dabei hartes Power-Training und ein ruhiges Wohlfühl-Training abwechseln. Also handeln Sie vielleicht nach dem Schema: montags Power, dienstags Relax-Walking, mittwochs wieder Power usw.

Eine Intensitätssteigerung des Trainings ist durch folgende Komponenten möglich:

... mit leicht nach vorne geneigtem Oberkörper.

man jetzt beim Joggen. Da man aber mit einem Bein immer Bodenkontakt hat (gelenkschonender), woggt man. Der Stockeinsatz erfolgt bei dieser Technik eher neben dem Körper, sodass es zu keinem ausgeprägten Armschwung kommt. Die Stöcke werden kurz und prägnant eingesetzt und unterstützen die Hoch-Tief-Bewegung.

Der Doppelstockeinsatz

Gerade bergauf bietet es sich an, dass Sie die Stöcke noch intensiver einsetzen. Dies erfordert eine sehr gute Koordination und kräftigt den Rumpf- und Armbereich intensiv.

Wie geht's?

Die Beintechnik beim Doppelstockeinsatz entspricht der beim Sprunglaufen mit Stöcken. Gleichzeitig mit dem Abdrücken des hinteren Beines werden beide Stöcke weit vor dem Körper eingestochen. Durch Zug und Druck auf die Stöcke und das starke Abdrücken des Fußballens des hinteren Beines wird der Körper quasi nach vorne/oben katapultiert.

Woche	1–4	5–8	9–12
Optimale Trainingsherzfrequenz	75% HF max.	80% HF max.	85% HF max.
Einheiten pro Woche	2	2–3	3

- Sie walken öfter in der Woche
- Sie walken mit einer höheren Pulsbelastungsstufe (siehe Tabelle)
- Sie walken innerhalb einer Trainingseinheit alle 8 bis 10 Minuten so, dass Sie eine bestimmte Strecke (zum Beispiel 200 m oder 2 Minuten lang) mit einer hohen bis maximalen Geschwindigkeit zurücklegen und anschließend im Normaltempo weiterwalken.

Bei allen Vorteilen, die eine Intensitätssteigerung bietet, ist das Wichtigste immer der Spaß an der Bewegung, die Lust auf Leistung und die Freude am Erfolg. Orientieren Sie sich vor allem an Ihrem Gefühl. Sowohl während als auch nach dem Training sollten Sie sich so richtig gut fühlen: während des Trainings stark, voller Kraft und Energie, danach angenehm müde und erschöpft. Wenn Sie schlecht drauf sind, das Gefühl haben, völlig am Ende oder ausgelaugt zu sein, wenn Sie Schmerzen haben oder sich während des Trainings plötzlich nicht mehr sicher und gut koordiniert bewegen können, dann ist die Trainingsintensität zu hoch. Mit vielen negativen Folgen: Das Risiko, sich zu verletzen steigt, das Immunsystem macht schlapp, der Körper braucht extrem lange, um sich von der hohen Beanspruchung wieder zu erholen. Also: So schön es ist, sich zwischendurch mal richtig »auszupowern«, so wichtig ist es, die individuell richtige Grenzbelastung herauszufinden.

Erst eine entsprechend ausreichende Regeneration macht das Training effektiv! Wenn Sie sich für ein Power-Training entschieden haben, lassen Sie mindestens 1–2 Tage Erholung zwischen den einzelnen Trainingstagen zu. Bekommt Ihr Körper nicht genügend Zeit zu regenerieren, reagiert er mit einem Leistungsabfall.

Gesundheitsförderung mit Nordic Walking

Wir alle wollen gesund bleiben. Gesundheit ist Lebensqualität und Voraussetzung zur Realisierung persönlicher Ziele.

Kann Nordic Walking zur Gesunderhaltung beitragen?

Im Folgenden sind alle bisherigen Forschungsergebnisse zum Thema »Gesundheitsförderung durch Nordic Walking« aufgelistet und kritisch dargestellt. Zusammengefasst sind allerdings nur die Studien, die eine entsprechend aussagekräftige Stichprobe an Teilnehmern aufweisen.

1. Nordic Walking kann durch eine intensivere Armarbeit die Trainingsintensität bei gegebener Geschwindigkeit erhöhen und kann damit als zusätzliches Training für Walker gelten.

Konsequenz: Wenn Sie mit Stöcken walken, können Sie es sich leisten, sogar etwas langsamer zu walken und haben dennoch den gleichen Trainingseffekt wie beim »normalen« Walken mit schnellerer Geschwindigkeit. Nordic Walking eignet sich also besonders für Personen, die einen hohen Energieumsatz erzielen wollen, aber in ihrer Geschwindigkeit eingeschränkt sind.

2. Durch den verstärkten Armeinsatz und die dadurch vermehrte Herzaktivität beim Nordic Walking steigen:
- die Sauerstoffaufnahme,
- der Kalorienverbrauch,
- der Energieumsatz,
- die Herzfrequenz.

Aber möglicherweise auch das subjektive Belastungsempfinden (wird noch kontrovers diskutiert).

Konsequenz: Mit Nordic Walking erreichen Sie positive Trainingsergebnisse: Ihre Ausdauer steigt, Ihr Herz wird entlastet, die Atmung verbessert, der Kalorienumsatz gesteigert. Aber Achtung: Achten Sie auf Ihren Belastungspuls, der durch Nordic Walking schneller ansteigen kann als beim Walking!

Nordic Walken querfeldein ist sehr trainingswirksam.

3. Beim Nordic Walking treten höhere Belastungen im Bereich der Fersenkante (in der Fachsprache vertikale Bodenabdruckkraft im Fersenbereich) auf. Beim Walking ohne Stöcke dagegen werden die Bodenabdruckkräfte vermehrt im Mittelfußbereich gemessen.

Konsequenz: Personen, die Gelenkprobleme haben, sollten beim Nordic Walking unbedingt auf einen verkürzten Schritt und das flächige Aufsetzen auf der Ferse achten (siehe S. 25). Halten Sie das Knie beim Aufsetzen des Fußes vorne leicht gebeugt, dadurch verkürzen Sie den Schritt und vermeiden ein steiles Aufkommen auf der Fersenkante.

4. Beim Nordic Walking werden folgende Muskelgruppen verstärkt eingesetzt:
- der Bizeps,
- der Trizeps,
- der Armhebe-Muskel (um den Arm zu heben),
- die Brustmuskulatur,
- der große Rückenmuskel.

Ob durch den Einsatz dieser Muskelgruppen aber Schulter- und Nackenprobleme reduziert werden können oder sich sogar verschlechtern, hängt ganz entscheidend von der richtigen Handhabung des Stockeinsatzes ab. Insofern wird eine Verbesserung von Schulter- und Nackenproblemen durch Nordic Walking kontrovers diskutiert.

Konsequenz: Achten Sie beim Einsatz der Stöcke auf (siehe S. 28)
- abwärts gezogene Schultern,
- die Aufrichtung der Brustwirbelsäule beim Stockeinsatz und Stockschub,
- das Ausschwingen des Stockes nach hinten,
- das Öffnen der Hand beim Nach-hinten-Schwingen des Stockes,
- einen nur mäßigen Schwung des Stockes nach vorne/oben.

Wenn durch Nordic Walking Probleme am Bewegungsapparat auftreten, lassen Sie sich durch einen DWI-geschulten Nordic-Walking-Kursleiter korrigieren. Noch besser: Machen Sie eine Schulung beim DWI (Deutschen Walking Institut unter www.walking.de) mit und Sie wissen ganz genau, worauf Sie speziell achten müssen. Ausschließlich das Deutsche Walking Institut hat auch im orthopädischen Bereich ausgebildete Nordic-Walking-Spezialisten und ist im Übrigen die einzige wissenschaftliche Institution in der Bundesrepublik in der Aus- und Fortbildung von (Nordic)Walking-Spezialisten..

5. Nordic Walking kann sich auf psychische Faktoren wie Depression, Ärger, Erschöpfung und Stimmungsschwankungen positiv auswirken. Durch Nordic Walking kann ein Gefühl von Selbstbewusstsein und Energie vermittelt werden.

Konsequenz: Walken Sie nicht nur für den Körper, sondern auch für Ihre Psyche. Hören Sie auf Ihre innere Stimme und belasten Sie sich nur so stark, wie Sie sich gerade fühlen. Nehmen Sie Ihre Umgebung und die Natur bewusst wahr. Lassen Sie sich von keinem Wetter abhalten und stärken Sie so Ihr physisch/psychisches Immunsystem.

Körperliche Risikofaktoren für die Gesundheit

Nach dem medizinischen Risikofaktorenmodell wird unsere Gesundheit vor allem durch folgende Faktoren belastet:
- Rauchen,
- Bewegungsmangel,
- Übergewicht,
- Bluthochdruck,
- Alltagsdrogen,
- Cholesterin,
- hohe Konzentration von Stresshormonen.

Dabei sind diese Risikofaktoren eher dann zu kompensieren, wenn sie einzeln auftreten. Nur tun sie das leider selten. Der Risikofaktor »Übergewicht« zum Beispiel tritt oft mit zahlreichen anderen gesundheitlichen Problemen auf. So leidet eine übergewichtige Person häufig auch an Bluthochdruck und an Durchblutungsstörungen und hat dazu noch erhöhte Blutfettwerte (Cholesterin). Abhängig davon, wie lange schon und wie intensiv diese Risikofaktoren vorhanden sind, kann sich als Konsequenz ergeben, dass sie die Lebenserwartung verkürzen. Im Durchschnitt können das bei einer übergewichtigen Person vier Jahre sein.

Info

Wie muss mein Training zur Gesunderhaltung aussehen?

Anerkannte Studien zum Thema Gesunderhaltung durch Sport belegen, dass ein wöchentlicher Bewegungs-Mehraufwand von 1000 Kilokalorien das Risiko, am Herz-Kreislauf-System zu erkranken, um 25 Prozent reduzieren würde. Bei einer Verbrennung von 2000 Kilokalorien zusätzlich würde sich das Risiko sogar um 50 Prozent reduzieren. Über 2000 Kilokalorien pro Woche hinaus ergibt sich kein zusätzlicher gesundheitlicher Nutzen. Dabei ist auch zu beachten, dass bestimmte Risikofaktoren zusätzlich negativ auf die Gesundheit Einfluss nehmen können.

Die Wirkung von Ausdauersport auf körperliche Risikofaktoren

Die Frage, die sich nach Betrachtung der Risikofaktoren stellt, ist: Kann Nordic Walking dazu beitragen, die Risikofaktoren zu kompensieren?
Die Frage kann eindeutig mit »ja« beantwortet werden.
Sie können durch Ausdauersport – und Nordic Walking gehört zu den Ausdauersportarten –
• Ihr Übergewicht reduzieren,
• Ihren Blutdruck positiv regulieren,
• Ihre Cholesterinwerte senken,
• die Ausschüttung der Stresshormone reduzieren
• und viele andere Erkrankungen, die mit Bewegungsmangel in Verbindung stehen, positiv beeinflussen.

Wie ist das möglich?

Ihr Übergewicht bekommen Sie durch einen erhöhten Energiestoffwechsel, die Abnahme der Triglyzeride im Blut und eine ausgewogene Ernährung in den Griff (siehe Kapitel »Fatburning«, S. 53). Hinzu kommt, dass Sie durch Nordic Walking Muskulatur aufbauen, die zu einer vermehrten Verbrennung freier Fettsäuren, auch schon auf geringen Belastungsstufen, beiträgt.

Der Blutdruck wird dadurch gesenkt, dass sich durch Ausdauertraining Veränderungen in den kleinsten Blutgefäßen (Kapillaren) ergeben, die dazu führen, dass sich Ihr Blut auf mehr Fläche verteilen kann. Dadurch werden die Gefäßwände weniger strapaziert, was sich wiederum positiv auf Ihre Krampfadern bzw. die ersten Ansätze dazu auswirkt. Außerdem wird Ihr Blut dünnflüssiger und der Druck auf die Gefäßwände lässt auch aus diesem Grund nach.
Neigen Sie zu Thrombosen, dann hilft Ihnen Ausdauertraining zusätzlich dadurch, dass Fibrinogen reduziert wird. Fibrinogen ist die Vorstufe eines Faserstoffes der Blutgerinnung. Weiterhin klumpen die Blutzellen weniger gut aneinander (in der Fachsprache: Reduktion der Aggregabilität) und haften sich auch weniger gut an den Gefäßinnenwänden an (in der Fachsprache: Reduktion der Adhäsivität).
Durch ein gesundheitswirksames Ausdauertraining verändert sich Ihre Cholesterinzusammensetzung:

Das schlechte Cholesterin (LDL) wird gesenkt und das gute Cholesterin (HDL), welches mit dazu beiträgt, dass sich keine Ablagerungen an den Gefäßwänden ergeben, wird erhöht. Diese Veränderungen führen zu einer Verminderung der arteriosklerotisch wirksamen Faktoren und stärken die Schutzfaktoren.

Stress reduzieren Sie durch Ausdauertraining wie Nordic Walking ganz besonders. Stresshormone wie Adrenalin sind regelrechte »Sauerstoffräuber«. Sind sie in großen Mengen und ständig vorhanden, dann benötigt das Herz für die gleiche Leistung mehr Sauerstoff. Kann dieser Sauerstoff wegen verengter Gefäße nicht in ausreichendem Maße zum Herzen befördert werden, kollabiert Ihr Körper (Beispiel: Herzinfarkt). Durch Ausdauertraining können Sie die Abgabe der Stresshormone reduzieren und zu einem ausgewogenen Hormonstatus zurückkehren.

Alle diese beschriebenen Vorgänge schützen Sie vor Krankheiten wie
• Herzinfarkt,
• Arteriosklerose,
• Schlaganfall,
• Thrombosen,
• Venenleiden,
• Diabetes.

Professor Dr. W. Hollmann, einer der anerkanntesten Sportmediziner weltweit sagte einmal:
»Gäbe es ein Medikament, welches folgende Eigenschaften in sich vereinigen würde:
• *Senkung des Sauerstoffbedarfes des Herzens,*
• *Vergrößerung des Sauerstoffangebotes des Herzens,*
• *Hemmung der Arterioskleroseentwicklung,*
• *Verbesserung der Fließeigenschaften des Blutes verbunden mit einem antithrombotischen Effekt,*
• *Entgegenwirken der Adipositaswirkung,*
• *Begünstigung einer optimalen Entwicklung von Körper und Geist,*
• *Verringerung von körperlichen und geistigen altersbedingten Leistungseinbußen.*
Mit welch großartiger Dramaturgie würde wohl ein solches Medikament weltweit gefeiert und vermarktet werden.

Dieses Medikament ist vorhanden:
Es heißt geeignetes, individuelles angepasstes körperliches Training vom Kindes- bis zum Seniorenalter.
Seiner Anwendung steht in unserer Gesellschaft leider das physikalische Gesetz der Trägheit entgegen!«

Das richtige Gesundheitstraining

Nordic Walking zur Gesunderhaltung steht unter dem Motte »Langsam beginnen, aber dauerhaft dabeibleiben«. Viele Menschen sind hoch motiviert und starten entsprechend intensiv in ihren neuen Lebensbaustein »Training«. Ausschlaggebend für den Erfolg im Sinne von Reduktion von Risikofaktoren ist aber, dass Sie dabeibleiben. Es nützt Ihnen schlichtweg gar nichts, wenn Sie vor lauter Enthusiasmus mit hochrotem Kopf durch den Wald hecheln und danach k.o. ins Bett fallen. Das halten Sie mit Sicherheit kein halbes Jahr durch.

Ausschlaggebend für den Erfolg im Sinne von Gesundung und Gesunderhaltung ist, dass Sie zum Training eine positive Emotion aufbauen. Sie sollten sich auf Ihr Nordic Walking freuen können und nicht nur mit der Einsicht trainieren, dass es wohl gesund ist, sondern mit dem Wissen, dass Sie Spaß daran haben. Dazu gehört aber nicht, dass Sie körperliche Qualen zu durchstehen haben, sondern es sollte ein Wohlgefühl entstehen, welches Sie zunehmend mit Nordic Walking in Verbindung bringen.

Wie gehen Sie vor?

Damit Sie und Ihr Körper sich langsam an die neue Belastung gewöhnen können und keiner von Ihnen anfängt zu streiken, fangen Sie mit einer mittleren Intensität von 60 Prozent der maximalen

Im Frühtau der Sonne entgegen.

Optimaler Trainingsbereich zur Gesunderhaltung:

Untere Grenze: (220 bzw. 226 – Alter – Ruhepuls) x 0,6 + Ruhepuls

Obere Grenze: (220 bzw. 226 – Alter – Ruhepuls) x 0,75 + Ruhepuls

Herzfrequenz an. Es ergibt sich der links stehende optimale Trainingsbereich.
Erscheint Ihnen diese Belastung noch zu hoch, spricht überhaupt nichts dagegen, dass Sie den Belastungspuls mit 50 Prozent wie bei der Fettverbrennung übernehmen. Haben Sie dagegen das Gefühl, dass Sie lieber gleich mit 75 Prozent los-

legen würden, dann achten Sie auf folgende Überlastungssymptome:
- Sie können sich nicht mehr unterhalten, Sie kommen außer Atem,
- Sie fangen an zu frieren, obwohl es eigentlich warm ist,
- Sie haben kalte Schweißausbrüche,
- Sie können die Nacht nach dem Training nicht gut schlafen,
- Sie werden unkoordinierter in der Bewegung und tendieren manchmal zum Stürzen.

Treten eines oder mehrere dieser Symptome auf, reduzieren Sie vor allem die Intensität und walken Sie langsamer. Glauben Sie uns, es ist der langfristig effektivere Weg.

Das Trainingsprogramm zur Gesunderhaltung

Ganz am Anfang dieses Kapitels erwähnten wir Studien zum Thema Gesunderhaltung durch Sport, die belegen, dass ein zusätzlicher Energieumsatz durch Alltags- und Sportaktivität von wöchentlich 1000 bis 2000 Kilokalorien das Herz-Kreislauf-Erkrankungsrisiko stark reduzieren kann.

Bereits im Fatburning-Kapitel haben wir auf eine Methode hingewiesen, wie der Energieverbrauch in Kilokalorien durch Walking berechnet werden kann. Gehen wir davon aus, dass Sie Ihr Trainingsziel darin sehen, 1000 Kilokalorien pro Woche zusätzlich zu verbrennen, um Ihr Herz-Kreislauf-Risiko zu reduzieren. Dann hieße das, dass Sie – wie auch beim Fatburning-Training – Ihren persönlichen Energieverbrauch berechnen:
Die Formel zur Errechnung der verbrauchten Kalorien ist:

> **Die verbrauchten MET x kg Körpergewicht x 1 Std. = Kalorienverbrauch für 1 Stunde**

Vom normalen Walking ausgehend kann man für das Nordic Walking einen Verbrauch von etwa 5 MET pro Stunde bei einer Geschwindigkeit von 6 Kilometer pro Stunde abschätzen (dafür brauchen Sie Ihre zurückgelegte Streckenlänge und die dafür gebrauchte Zeit). Bei einer höheren Intensität von beispielsweise 8 Stundenkilometern können Sie mit ca. 6 MET pro Stunde rechnen.

In flottem Schritt am Morgen um den See gewalkt, gibt Power für den Tag.

Beispielrechnung: Sie wiegen 80 Kilogramm und sind 30 Minuten lang in einer Geschwindigkeit von etwa 6 Kilometern pro Stunde mit Stöcken gewalkt. Dann errechnet sich Ihr Kalorienverbrauch wie folgt:

> (5 MET x 80 kg Körpergewicht) x
> (30 Min. : 60 Min.) = 200 Kilokalorien

Sie haben also durch die 30 Minuten Nordic Walking (ca. 6 Kilometer pro Stunde) einen Energieaufwand von 200 Kilokalorien zusätzlich umgesetzt. Würden Sie also fünfmal pro Woche diese Einheit Nordic walken, wäre das ein zusätzlicher Kalorienverbrauch von 1000 Kilokalorien pro Woche und das in nur 2½ Stunden! Das lohnt sich vor allem dann, wenn Sie auf der anderen Seite das reduzierte Risiko für Herz-Kreislauf-Erkrankungen von 25 Prozent sehen und das alles ohne Medikamente!

Das von uns zusammengestellte Trainingsprogramm über 12 Wochen hat das Ziel nach 12 Wochen 1000 Kilokalorien zusätzlich durch Nordic Walking verbrauchen zu können. Wir wollen Sie also sowohl auf eine entsprechende Trainingsintensität als auch auf ein notwendigerweise häufigeres Training vorbereiten. Wir setzen die Dauer der einzelnen Trainingseinheit eher gering an, damit Sie innerhalb Ihres alltäglichen Tagesablaufs immer noch eine kleine Nische für Nordic Walking einbauen können. Wenn Sie stattdessen den Hund an der Leine führen müssen, können Sie das ja trotzdem recht flott tun. Auch jede andere Sportart, die Sie betreiben, trägt natürlich zu Ihrem Gesamtziel »1000 Kilokalorien« bei. So können Sie dieses Ziel auf vielfältige Weise erreichen. Nordic Walking

In unebenem Gelände ist der Kalorienverbrauch höher.

kann dabei ein Baustein sein. Selbstverständlich hängt der individuelle Energieverbrauch tatsächlich auch von Ihrem Körpergewicht ab, sodass nur Sie Ihren tatsächlichen Energieverbrauch auch ausrechnen können.

Schauen Sie sich die Tabelle an: Zur Umrechnung auf Ihren individuellen Belastungspuls bedeutet das für Ihr Training, dass Sie in den ersten 4 Wochen mit der unteren Grenze des optimalen Trainingsbereichs zur Gesunderhaltung rechnen. Dann steigern Sie die Intensität ab der 5. Woche auf 65 Prozent und mit 70 bis 75 Prozent der maximalen Herzfrequenz sind Sie dann ab der 9. Woche schon in einem durchaus intensiven Bereich. Schaffen Sie es aus zeitlichen oder auch aus Gründen der Motivation nicht, vier- bis fünfmal pro Woche zu trainieren, dann versuchen Sie es mit zwei- bis dreimal pro Woche. Lassen Sie aber nicht mehr als 2 Tage Pause verstreichen zwischen den einzelnen Einheiten. Sonst hat ihr Körper schon wieder etwas von dem vergessen, was er beim letz-

Woche	1–4	5–8	9–12
Optimale Trainingsherzfrequenz	60% HF max.	65% HF max.	70%–75% HF max.
Trainingszeit	30–40 Min.	30–40 Min.	30–40 Min.
Einheiten pro Woche	2	3–4	4–5

ten Training gelernt hat. Keine Angst: Sie trainieren nie umsonst – jeder Reiz zählt und hilft Ihnen weiter, auch wenn Sie einmal eine längere Pause machen müssten. Der Körper weiß dann wieder viel schneller Bescheid und stellt sich auch auf die Belastung viel schneller wieder ein. Also legen Sie ruhig los. Lieber unregelmäßig als gar nicht!

Nordic Walking – der Kick für Entspannung und mehr Energie

Nordic Walking ist genau das Richtige, um sich nach einem anstrengenden Tag aktiv zu entspannen und neue Energie zu tanken.

Dem Stress entfliehen

Sie sind völlig gestresst und stehen unter Hochspannung? Ein Termin jagt den anderen, im Job gibt es Ärger, alles nervt…? Dann brauchen Sie dringend eine Auszeit. Raus aus der Hektik, weg vom Stress. Sonst wird aus der vorübergehenden Anspannung eine chronische Verspannung, aus kurzzeitigem Stress ein gefährliches »Ausgebranntsein« und aus Stresssymptomen werden echte Krankheiten. Nordic Walking ist optimal, um der Reizüberflutung des Alltags zu entfliehen und wieder zu sich selbst zu finden. Die Bewegung draußen, an der frischen Luft sorgt dafür, dass Ihr Körper, alle Muskeln und inneren Organe wieder mit frischem Sauerstoff versorgt werden. Und: Je mehr Sauerstoff Sie auf natürlichem Weg aufnehmen, desto besser geht es Ihnen. Sie haben wieder mehr Energie, fühlen sich fitter, vitaler, ausgeglichener. Außerdem können Sie sich gleich besser konzentrieren. In Stresszeiten neigt man dazu, zu verspannen – psychisch und physisch. Die Muskeln verkrampfen, die Seele verhärtet. Sanfte Bewegung löst die verspannte Muskeln, lässt Sie wieder durchatmen und entspannen.

Nordic Walking als Meditation

Diese positiven Wirkungen des Nordic Walking stellen sich jedoch nur ein, wenn Sie sich beim Sport nicht quälen. Schalten Sie immer einen Gang runter, wenn es zu anstrengend wird. Stehen

Sie im Alltag unter Druck, brauchen Sie einen Sport, der entlastet, damit Sie sich dabei regenerieren können. Wenn das Walken am Berg zur Strapaze wird, einfach das Tempo drosseln. Kraxeln Sie den Berg ganz langsam nach oben, machen Sie Pausen oder vermeiden Sie auf Ihrer nächsten Tour das Bergauflaufen ganz. Wählen Sie einfach eine andere Strecke, um sich den Stress, oben ankommen zu müssen, zu ersparen. Folgen Sie Ihrem Gefühl – der größte Fehler ist es, wenn der Kopf dem Körper aufzwingt, wie er zu funktionieren hat. Das Geheimnis der Entspannung durch Nordic Walking liegt in der Langsamkeit, im gemächlichen Tempo. Lassen Sie sich deshalb auch von den Power-Walkern oder den Joggern, die mit langen Schritten an Ihnen vorbeiziehen, nicht entmutigen. Ganz im Gegenteil – halten Sie sich im Tempo zurück und teilen Sie Ihre Kräfte ein. Schon nach ein paar Wochen, wenn Sie mit der Technik gut zurechtkommen, haben Sie Ihren eigenen Rhythmus gefunden. Dann stellt sich ein Gefühl der Gleichmäßigkeit ein. Die immer gleichen Bewegungen des Nordic Walking, der immer gleiche, weiche und sanfte Bewegungsablauf, Schritt für Schritt – das entspannt Körper und Geist. Sie spüren, wie sich Gedanken im Kopf von ganz allein ordnen. Probleme sortieren sich, Prioritäten setzen sich von ganz allein. Ihr Geist wird klar und hellwach, trotzdem fühlen Sie sich entspannt. Dies sind Erfahrungen, die denen von Menschen ähneln, die meditieren. Egal, wie Sie es nennen, ob sanftes Fitness-Training, Body und Mind oder Bewegungsmeditation – nutzen Sie das Potenzial, das Nordic Walking Ihnen bieten kann: Entspannung, Erholung, Stressreduktion.

Der Kick für mehr Energie

Fühlen Sie sich lustlos und schlapp oder einfach nur noch müde und erschöpft? Kein Problem: Stehen Sie auf, strecken Sie Ihre Arme in die Luft, kreisen Sie mit Ihren Schultern, springen Sie hoch oder gehen Sie auf der Stelle. Und – was spüren Sie? Warme, gut durchblutete Muskeln, bewegte Gelenke, einen wachen Kopf. Der Grund: Unser Körper ist darauf fixiert, sich zu bewegen. Er braucht Bewegung – und zwar täglich. Geben Sie ihm dazu keine Gelegenheit, wird er schlapp und

Das Training | Der Kick für Entspannung und mehr Energie

müde. Der Kopf wird träge, die Stimmung sinkt. Bewegung bringt Körper und Kopf wieder in Schwung. Während des Sports steigt die Sauerstoffkonzentration im Körper – und vor allem im Gehirn an. Sie duschen im Sauerstoff. Dadurch fühlen Sie sich sofort wacher und leistungsfähiger. Immer dann, wenn Sie Ihren Körper fordern, neue Bewegungen ausprobieren und Spaß am Sport haben, werden Energien freigesetzt. Jede Tour mit Ihren Stöcken ist ein Push für mehr Energie. Probieren Sie es aus! Die Erfolge sind schnell spürbar und schon nach kurzer Zeit werden Sie auf den Energie-Kick durch Nordic Walking nicht mehr verzichten wollen.

Training für Entspannung und mehr Energie

Wenn Sie Nordic Walking betreiben, um vor allem Stress abzubauen und die Balance von Anspannung und Entspannung wieder herzustellen, sollten Sie sich nach Ihrem Gefühl richten. Ihr Körper signalisiert Ihnen, welche Belastung gut für Sie ist und wann das Training zu anstrengend wird. Ihr Pensum ist für Entspannungszwecke dann optimal, wenn Sie das Gefühl haben, sich eher leicht bis mittelschwer zu belasten: Das Training sollte als angenehm empfunden werden und Sie sollten vor allem Zeit haben, Natur, Geräusche, Gerüche und Farben um Sie herum wahrzunehmen! Während des Nordic Walking können Sie sich ganz bequem unterhalten. Muskeln, Gelenke und Bänder sind zwar beansprucht, aber weit davon entfernt, überanstrengt zu werden oder gar wehzutun. Nach Abschluss des Trainings haben Sie immer noch genug Kraft und Energie. Sie fühlen sich nicht ausgepowert und schlapp, sondern angenehm müde und entspannt.

Der 3-Monats-Plan

Wenn Sie sich nicht allein auf Ihr Gefühl verlassen wollen, können Sie sich nach diesem Plan richten. Er hilft Ihnen dabei, das richtige Trainingspensum für Sie zu finden. Da Entspannung und Stressreduktion im Vordergrund stehen, ist es jedoch ganz wichtig zu wissen, dass Sie sich nicht sklavisch an die Vorgaben halten müssen. Wenn Sie sich an einem Trainingstag nicht gut fühlen, ist es kein Problem, das Pensum zu reduzieren. Und anders

Zum Nordic Walken gehören auch Entspannungsphasen.

Yoga und Nordic Walking passen gut zueinander.

herum – es geht Ihnen so richtig gut. Sie sind fit und könnten Bäume ausreißen. Dann walken Sie einfach etwas länger als auf dem Plan angegeben oder Sie steigern das Tempo.

Woche	1–4	5–8	9–12
Optimale Trainingsherzfrequenz	50 % HF	50 % HF	60 % HF
Trainingszeit	20–30 Min.	30–40 Min.	40–50 Min.
Einheiten pro Woche	2	3	3

Nach den drei Monaten hat sich Ihr Körper an die neue Belastung gewöhnt. Vielleicht haben Sie dann Lust, häufiger zu walken als dreimal in der Woche. Kein Problem – solange, Sie bei Tempo und Dauer nicht übertreiben, können Sie so oft zum Stock greifen, wie Sie Spaß daran haben und es Ihnen gut tut. Noch besser ist es, wenn Sie ein Gefühl dafür entwickeln, wann Stress, Hektik und Reizüberflutung mal wieder überhand nehmen. Greifen Sie in diesen Situationen zu den Stöcken und walken los. Und wenn Sie nach Ihrer kleinen Tour zurückkommen, erscheint der Stress gar nicht mehr so schlimm, die Hektik hat sich gelegt und Sie fühlen sich gleich wieder viel belastbarer.

Nordic Walking mit Qi Gong und Yoga

Nordic Walking eignet sich hervorragend für Entspannung und Stressbewältigung. Noch wirkungsvoller wird Ihr Trainingsprogramm, wenn Sie es mit sanften Gymnastikübungen kombinieren, die Ihre Muskeln dehnen, den Körper entspannen und die Atmung vertiefen.
Unsere sanften Workouts kombinieren harmonische Bewegungen des Qi Gong und des Yoga mit funktionalen Stretching-Übungen. Wir zeigen Ihnen Gymnastikprogramme, die Sie vor, während und nach dem Nordic Walking machen können. Damit intensivieren Sie die Entspannungswirkung. Probieren Sie die Übungen zu Hause aus. Wenn Sie sie beherrschen, bauen Sie sie in Ihr Nordic-Walking-Programm ein.

Das Training | Der Kick für Entspannung und mehr Energie

Vor dem Nordic Walking

Diese Übungen aus dem Qi Gong fördern die Durchblutung und aktivieren die Atmung. Sie sorgen für Kraft, Energie und Konzentration. Wenn Sie sich damit auf das Nordic Walking einstimmen, können Sie sich besser auf das nachfolgende Training konzentrieren. Machen Sie die drei Übungen zu Ihrem Einstiegsritual: Vor jedem Training zunächst tief durchatmen – sich sammeln und auf das Kommende konzentrieren. Das hilft Ihnen, den Alltag hinter sich zu lassen und etwas Neues zu beginnen.

Klopfmassage

Sie stehen aufrecht mit hüftbreit geöffneten Füßen und leicht gebeugten Knien. Klopfen Sie nun mit Ihrer rechten Handfläche den Körper ab: Beginnen Sie oberhalb Ihrer linken Brust und klopfen Sie weiter an der Innenseite des Arms hinunter bis zu den Fingerspitzen. Dann den Arm drehen und an der Außenseite entlang wieder nach oben bis zur Schulter. Klopfen Sie nun einige Male vorsichtig auf die Nackenmuskeln, auf den Hinterkopf, den Scheitel und die Stirn. Auf der anderen Seite

Eine Klopfmassage zum Einstieg.

Wecke das Qi: Ausgangsposition (s. S. 79).

Wecke das Qi: Endposition (s. S. 79).

78 Das Training | **Der Kick für Entspannung und mehr Energie**

Fliegen wie eine Wildgans: Ausgangsposition.

Position 2 der Übung Fliegen wie eine Wildgans.

Die Übung zur Schulterlockerung beginnt mit dem Anspannen der Schulterregion.

Danach folgt das Los- und Lockerlassen der Schultern.

Das Training | **Der Kick für Entspannung und mehr Energie**

Den Bogen spannen (s. S. 80): Einatmen und Kreuzen der Arme.

Den Bogen spannen (s. S. 80): Ausatmen und den Bogen spannen.

wiederholen. Legen Sie nun beide Hände an den Rücken und klopfen Sie beidseitig über die Beinaußenseiten abwärts bis zu den Fersen, daran anschließend über die Innenseiten der Beine wieder aufwärts.

Wecke das Qi

Bleiben Sie in der Ausgangsposition: Hüftbreit geöffnete Füße und leicht gebeugte Knie. Atmen Sie nun ein und heben Sie gleichzeitig die gestreckten Arme vor dem Körper an bis zur Schulterhöhe. Die Hände hängen dabei völlig entspannt nach unten. Auf Schulterhöhe werden Hände und Unterarme nun in eine Linie gebracht. Atmen Sie aus – und senken Sie die Ellbogen langsam wieder nach unten (S. 77, unten). Erst, wenn die Ellbogen tief unten sind, sinken Hände und Unterarme hinterher. 3- bis 6-mal wiederholen.

Fliegen wie eine Wildgans

Ausgangsposition wie oben. Hände vor dem Körper halten – in Höhe des Bauchnabels zeigen die Fingerspitzen locker zueinander und die Handrücken zeigen zum Boden (S. 78, oben links). Atmen Sie ein – und heben Sie beide Arme seitlich an, bis die Handrücken sich über dem Kopf fast berühren (S. 78, oben rechts). Beim Ausatmen die Arme in einer kraftvollen, schwingenden Bewegung wieder senken. Wiederholen Sie die Übung 3- bis 6-mal.

Während des Nordic Walking

Wenn Sie während des Walkens das Gefühl haben, dass Ihre Muskeln verspannt sind und sich auch durch einen betont lockeren Bewegungsablauf nicht lösen, kann es manchmal sinnvoll sein, eine aktive Pause einzulegen. Lockerungs- und Dehnübungen zwischendurch können kleine Spannungszustände lösen. Danach geht es gleich viel leichter und schwungvoller weiter.

Schultern lockern

Stellen Sie sich aufrecht hin. Nun die Schultern hochziehen zu den Ohren – und locker fallen

80 Das Training | Der Kick für Entspannung und mehr Energie

Eine meditative Atemübung: 1. Schritt.

Eine meditative Atemübung: 2. Schritt.

Eine meditative Atemübung: 3. Schritt.

lassen (S. 78, unten). 6- bis 8-mal wiederholen. Dann die Schultern locker rückwärts kreisen lassen – abwechselnd rechts und links. Wiederholen Sie die Übung 6- bis 8-mal.

Den Bogen spannen
Gehen Sie in den Grätschstand. Atmen Sie ein und kreuzen Sie gleichzeitig beide Unterarme vor der Brust (S. 79, links). Die Hände sind zu lockeren Fäusten geschlossen. Mit dem Ausatmen führen Sie den linken Arm ganz langsam zur Seite. Dabei Zeige- und Mittelfinger abspreizen und nach links schauen. Der rechte Ellbogen wird auf Schulterhöhe zur Seite gezogen, so als wollten Sie einen Bogen spannen (S. 79, rechts). Beim nächsten Einatmen die Unterarme wieder vor der Brust kreuzen und mit der Ausatmung den Bogen zur anderen Seite spannen. Wiederholen Sie diese Bewegung auf jeder Seite 3-mal.

Nach dem Nordic Walking
Diese drei Übungen runden Ihr Trainingsprogramm für Entspannung und mehr Energie ab. Ihre Muskeln werden gedehnt, Schadstoffe wer-

den schneller aus den Muskeln in den Blutkreislauf befördert. Sie können sich daher schneller regenerieren.

Eine meditative Atemübung in 3 Schritten:
1. Schritt:
Stellen Sie sich hin, dass die Beine etwa beckenbreit geöffnet sind und halten Sie die Knie leicht gebeugt. Die Fußspitzen zeigen gerade nach vorne. Der Rücken ist gerade. Sie stehen aufrecht. Die Arme vor dem Körper auf Höhe des Bauches so unten zusammenführen, dass die Hände locker aufeinander liegen und die Handflächen nach oben zeigen. Die Ellbogen sind leicht gebeugt (S. 80, oben links).

2. Schritt:
Heben Sie nun beide Hände in der oben beschriebenen Position bis auf Höhe der Brust nach oben an, während Sie ruhig und tief einatmen (S. 80, oben links).

3. Schritt:
Zum Abschluss drehen Sie die Handflächen langsam und konzentriert zum Boden und senken die Arme nach unten, bis auf Bauchhöhe. Dabei tief ausatmen (S. 80, unten). Wiederholen Sie die Übung. Drehen Sie die Handflächen für die nächste Folge wieder nach oben.

Wiederholen Sie diese Übung mindestens 3-mal und versuchen Sie dabei, die Ausatmung immer länger werden zu lassen. Ideal ist es, wenn Sie pro Minute nur noch 4 bis 5 Atemzüge brauchen. Versuchen Sie während dieser Atemübung zu entspannen und abzuschalten. Konzentrieren Sie sich ganz auf das Ein- und Ausatmen. Spüren Sie, wie die Atemluft Ihren Körper durchfließt und wie Sie ganz ruhig werden. Versuchen Sie Geräusche und Gerüche in Ihrer Umgebung bewusst wahrzunehmen. Lassen Sie sich auf die Natur und Ihr Körpergefühl ein!

Beine lockern
Einfach am Platz die Beine auflockern: Auf einem Bein stehen und das andere nach vorne und zur Seite kräftig ausschütteln. Mehrmals hintereinander die Seite wechseln.

Beine lockern.

Das Training | Der Kick für Entspannung und mehr Energie

Waden- und Brust-Stretch: Ausgangsposition.

Waden- und Brust-Stretch: Nach-oben-Strecken des Arms.

Das Dreieck: Endposition.

Waden- und Brust-Stretch
Stellen Sie den linken Fuß weit nach hinten auf den Boden und drücken Sie die Ferse auf den Boden. Das rechte Knie ist gebeugt und der Rücken ist gerade (oben links). Nun den rechten Arm nach oben strecken – und leicht dynamisch wippend (in der Fachsprache intermittierend) nach hinten bewegen (oben rechts). Etwa 8 bis 10 Sekunden lang dehnen – dann erfolgt der Seitenwechsel.

Das Dreieck
Grätschen Sie Ihre Beine weit. Beugen Sie nun das rechte Knie. Achten Sie darauf, dass sich das gebeugte Knie über der rechten Fußspitze befindet. Stützen Sie Ihren Unterarm auf den Oberschenkel. Beim Ausatmen den linken Arm lang nach rechts strecken (links), bis der Oberarm das Ohr berührt. Arm, Oberkörper und linkes Bein bilden eine Linie. Sie spüren die Dehnung auf der linken Körperseite. Nun sanft in Dehnrichtung wippen. Etwa 8 bis 10 Sekunden lang dehnen – dann die Seite wechseln.

Active now!

Haben Sie gesundheitliche Probleme? Wenn Sie Herzprobleme haben, unter Atemnot leiden oder Ihr Blutdruck zu hoch ist, ist es sinnvoller, vor dem Trainingsstart mit einem Arzt sprechen. Legen Sie gemeinsam mit Ihrem Arzt ein Trainingsprogramm fest, das Ihre gesundheitlichen Beeinträchtigungen berücksichtigt. Das Gleiche gilt bei Rückenschmerzen oder Rheuma. Es ist besser, Sie reden vorab mit Ihrem Arzt. Der kennt Ihren Gesundheitszustand genau und weiß, wie viel Sport für Sie möglich und sinnvoll ist.

Und – wenn das erledigt ist, kann es sofort losgehen. Zögern Sie nicht: Schuhe an, Stöcke her – und auf geht's!

Warm-up

Wenn Sie sich vor dem eigentlichen Start aufwärmen, fällt Ihnen das Training leichter. Wissenschaftler haben herausgefunden, dass bereits ein 10-minütiges Warm-up die Leistungsfähigkeit der Muskeln erheblich steigert. Herz-Kreislauf-System, Atmung und Stoffwechsel werden aktiviert. Wenn viele Muskeln des Körpers bewegt werden, entsteht Wärme. Die Muskeltemperatur und die Körpertemperatur erhöhen sich. Bei erhöhter Temperatur laufen die Stoffwechselprozesse im Körper schneller ab. Die Blutgefäße in den Muskeln weiten sich. Dadurch kann der Sauerstoff schneller zu den Muskeln transportiert werden. Abfallprodukte, die während der Stoffwechselprozesse entstehen, können besser und schneller abtransportiert werden.

Um die arbeitenden Muskeln ausreichend mit Blut und damit mit Sauerstoff versorgen zu können, schlägt das Herz schneller und kräftiger. Außerdem findet eine Umverteilung des Blutflusses statt. Den Muskeln wird mehr Blut zugeleitet, innere Organe, wie Nieren, Magen oder Darm, bekommen weniger Blut.

Ein Warm-up ist auch für die Gelenke wichtig. Die sanften Bewegungen zum Einstieg aktivieren die Gelenke, ohne sie zu belasten. Dadurch wird in verstärktem Maß Gelenkflüssigkeit produziert. Der Gelenkknorpel saugt sich dadurch mit der Flüssigkeit voll, wird dicker und kann in der Folge Druck

belastungen während der Bewegung deutlich besser abpuffern.

Ein schneller »Kaltstart« ist immer auch ein Risiko: Ihr Blut ist noch recht zähflüssig (viskos) und das Herz muss mehr leisten, um dieses viskose Blut durch die Gefäße zu pressen. Möglicherweise überfordern Sie Ihr Herz und Ihre Gefäße. Schlimmstenfalls können Sie sich schaden, noch bevor Sie richtig angefangen haben. Auch Bänder und Sehnen sollten sich langsam an das Training gewöhnen. Ansonsten sind sie anfälliger für Verletzungen. Werden sie hingegen langsam auf das Training vorbereitet, sind sie elastischer und geschmeidiger. Die Gefahr von Zerrungen, Bänder- oder Muskelfaserrissen verringert sich.

Das Aufwärm-Programm

Das Aufwärmen beim Nordic Walking ist ganz einfach: Walken Sie anfangs schön langsam los. Etwa 5 bis 10 Minuten lang ganz ruhig und entspannt und mit noch nicht allzu intensivem Stockeinsatz walken. Danach machen Sie eine kurze Walking-Pause, bleiben stehen und schütteln Arme, Schultern und Beine aus. Wenn Sie wollen, können Sie jetzt einige Dehnübungen (siehe Seite 96 bis 105) machen, um die Muskeln auf die kommende Belastung einzustimmen.

Die folgenden Übungen sind dafür besonders geeignet:

- für die Waden (siehe Seite 97),
- für die Beinrückseite (siehe Seite 97),
- für die Oberschenkel vorne (siehe Seite 98),
- für die Schultern (siehe Seite 103),
- für die Arme (siehe Seite 105).

Probieren Sie jedoch alle Übungen des Dehnprogramms ab Seite 96 aus und bauen Sie die Übungen, die Ihnen so richtig gut tun, möglichst häufig in Ihr Trainingsprogramm ein.

Denn – wenn Sie Ihre Muskeln nicht regelmäßig dehnen, verkürzen sie automatisch. Ihr Körper wird immer unbeweglicher. Die sanften Übungen sorgen dafür, dass Ihre Muskeln geschmeidig und elastisch werden. Muskeln und umliegendes Gewebe werden gut durchblutet und mit Sauerstoff versorgt. Verspannungen lösen sich und wenn Sie längere Zeit üben, verbessert sich auch die Beweglichkeit der Gelenke wieder.

Mit dem Partner oder Freunden macht Nordic Walking besonders viel Spaß.

Cool-down

Auch ein Cool-down nach dem Nordic Walking ist wichtig: Wenn Sie nach dem Training abrupt aufhören, kann es passieren, dass Ihr Blutdruck rapide »absackt« und Sie in der Folge Kreislaufprobleme bekommen. Hingegen sorgt ein kleines Lockerungsprogramm zum Abschluss dafür, dass Stoffwechselprodukte aus den Muskeln schneller abtransportiert werden, die Regeneration geht schneller vonstatten. Wie funktioniert das Cooldown beim Nordic Walking? Ganz einfach – etwa fünf Minuten, bevor Sie Ihren Zielort erreichen, reduzieren Sie Ihr Tempo. Langsam auswalken, dabei Arme, Schultern und Beine bewusst ganz locker lassen. Lassen Sie die Stöcke nur noch hinterherschleifen.

Am Ziel angekommen, wiederholen Sie auch Ihr Dehnprogramm (siehe S. 83) noch einmal.

Die richtige Atmung

Richtig Atmen beim Nordic Walking ist nicht schwierig: Atmen Sie ganz normal in Ihrem persönlichen Rhythmus. Nicht die Luft anhalten, sondern fließend ein- und ausatmen. Sie müssen auch nicht konzentriert besonders tief ein- oder ausatmen. Das passiert in der Regel von ganz allein. Lassen Sie Ihre Atemluft einfach fließen, ohne sie beeinflussen zu wollen. Dann stellt sich Ihr natürlicher Atemrhythmus in der Regel automatisch von selbst ein.

Haben Sie das Gefühl, dass Sie völlig falsch atmen? Hektisch und schnell oder völlig ungleichmäßig und holprig? Dann kann es sinnvoll sein, gleichmäßiges Atmen zu üben: Atmen Sie durch die Nase ein und durch den Mund wieder aus. Versuchen Sie dabei etwas länger aus- als einzuatmen. Beispielsweise immer zwei Schritte lang einatmen und drei Schritte lang ausatmen. Versuchen Sie sich eine Zeit lang auf diesen Rhythmus zu konzentrieren. Dann ohne Atmungskontrolle weiterwalken. Zwischendurch üben Sie immer mal wieder das etwas längere Aus- als Einatmen. Irgendwann stellt sich Ihr natürlicher Atemrhythmus ein – und Sie müssen sich überhaupt nicht mehr auf das Atmen konzentrieren. Sie sollten sich allerdings nicht wundern, dass Sie den gleichmäßigen Atemrhythmus nicht mehr halten können, wenn Sie das Tempo steigern und schneller werden. Das ist völlig normal – dann können Sie in der Regel nur noch durch den Mund einatmen und atmen ebenfalls durch den Mund aus. Versuchen Sie einmal bei intensiven Passagen oder auch bergauf stoßartig und heftig auszuatmen. Das darf dann ruhig auch laut geschehen. So können Sie den Sauerstoffaustausch schneller und intensiver vornehmen. Ihre Muskeln danken es.

Wann Nordic Walking – morgens, mittags, abends?

Prinzipiell gilt – es ist völlig egal, wann Sie walken, Hauptsache, Sie tun es, und zwar regelmäßig. Es kann wunderbar sein, sich frühmorgens, wenn alles noch schläft, an der frischen Luft zu bewegen. Der Kreislauf kommt langsam in Schwung, die Müdigkeit verfliegt. Schon nach ein paar Minuten spüren Sie, wie Sie sich mit frischer Energie aufladen. Viele Nordic Walker, die morgens unterwegs sind, berichten, dass Sie diesen Schwung den ganzen Tag über spüren und sich schon auf den neuen Energie-Kick am nächsten Morgen freuen. Sind Sie jedoch ein Morgenmuffel, der sich so früh am Tag zu gar nichts aufraffen kann, macht es wenig Sinn, Sie von der morgendlichen Nordic-Walking-Tour zu überzeugen. Dann ist es besser, Sie greifen abends zu Ihren Stöcken und lassen den Tag mit Nordic Walking ausklingen. Das hat den Vorteil, dass Sie sich angenehm schwer und entspannt fühlen. Nordic Walker, die sich abends bewegen, berichten häufig, dass Sie den Stress des Tages dabei gut abschütteln und hinter sich lassen können. Sie kommen durch den Sport besser zur Ruhe und schlafen auch schneller ein.

Haben Sie sich schon einmal überlegt, Ihre Mittagspause für Nordic Walking zu nutzen? Auch das kann Vorteile haben. Wenn Sie mittags ausgiebig essen, sinkt Ihre Leistungskurve völlig ab. Sie sind müde und schlapp. Wenn Sie berufstätig sind und gleich anschließend weiterarbeiten müssen, ist das häufig gar nicht so angenehm. Denn Sie können sich nur schwer motivieren, weiterzuarbeiten. Kein Wunder – der Körper schaltet um und aktiviert das parasympathische System – unser Energiesystem, das für Entspannung, tiefen Schlaf und eben für die Verdauung zuständig ist.

Dann will der Körper Ruhe und fordert einen Mittagsschlaf. Wenn Sie stattdessen jedoch nur eine Kleinigkeit essen und lieber eine kleine Tour mit Ihren Stöcken machen, fühlen Sie sich fit, energiegeladen und stark genug, auch die zweite Hälfte Ihres Arbeitstages zu bewältigen. Sie können das Programm so dosieren, dass Sie nicht ins Schwitzen kommen. Denn, wer will schon vor Schweiß triefend an seinen Arbeitsplatz zurückkehren. Besser mäßig gewalkt als gar nicht gewalkt. Ihr Fettstoffwechsel dankt es Ihnen. Ein weiteres Argument für Nordic Walking in der Mittagspause: Sie haben Ihr Trainingsprogramm schon hinter sich und müssen sich nicht den Abend dafür freihalten.

Wo Nordic Walking – auf Straßen, im Wald oder im Park?

Nordic Walking ist immer und überall möglich, egal ob Sie in der Stadt wohnen oder auf dem Land. Sie sind weder an einen bestimmten Ort noch an eine festgelegte Zeit gebunden. Suchen Sie sich eine Strecke aus, die Ihrer Leistungsfähigkeit und Ihrer Motivation diesen Sport zu treiben, entspricht. Das Walken auf flachen Feldwegen ist natürlich weniger anstrengend, als wenn Sie in hügeligem Gelände Ihre Runden drehen. Je bergiger die Strecke wird, umso anstrengender für Sie. Am angenehmsten ist es, auf einem weichen Boden zu marschieren – Waldwege sind besonders geeignet. Aber auch Parks, Feld- oder Wiesenwege eignen sich hervorragend. Schotter- und Kieswege erfordern erhöhte Aufmerksamkeit und Konzentration, weil es anstrengender ist, die Schritte zu koordinieren. Anfänger sollten auf flachen Strecken beginnen. Wenn Sie schon länger dabei sind, gesund sind und Spaß daran haben, spricht aber auch nichts gegen hügeliges Gelände. Suchen Sie sich die für Sie geeignete Strecke aus und testen Sie ab und zu auch neue Wege. Dann bleibt der Sport interessant, weil es immer wieder etwas Neues zu entdecken gibt.

Sie sind beruflich viel unterwegs? Dann nehmen Sie doch Ihre Stöcke einfach mit. Eine geeignete Strecke finden Sie überall. Vielleicht haben Sie am Wochenende Zeit, Neues zu entdecken. Schnappen Sie sich Ihre Stöcke, fahren Sie dorthin, wo es besonders schön ist und entdecken Sie die Wäl-

Für Geübte: mit Power über Stock und Stein.

der, die Städte oder schöne Gegenden zu Fuß mit Ihren Stöcken. Auch im Urlaub können Sie Ihrem Hobby nachgehen.

Ein Wort zur Motivation

Die Voraussetzung dafür, dass Sie mit Nordic Walking Ihr Ziel erreichen, egal ob Fettabbau, Entspannung, Leistungssteigerung oder Gesundheit ist, dass Sie regelmäßig trainieren und auf Dauer dabeibleiben. Nur dann entfalten sich die Wirkungen dieses Sports und nur dann werden Sie Erfolg haben. Und leider liegt hier ganz oft das Problem. Es bleibt beim guten Vorsatz, und die Stöcke verstauben im Keller.

Das Wichtigste, um auf Dauer am Ball zu bleiben, ist der Spaß an der Bewegung! Wer verbissen trainiert, sich beim Training völlig verausgabt und beim schnellen Bergaufwalken herumquält, setzt sich völlig unnötig unter Druck. Die Gefahr: Sie hören bald ganz mit dem Sport auf, weil es ihnen einfach keinen Spaß macht. Wichtig ist, dass Sie sich wohl fühlen, dass es Ihnen so richtig gut geht – während der Bewegung und auch danach. Dann werden Sie nicht genug bekommen können von dieser runden, weichen und angenehmen Art der Fortbewegung an der frischen Luft und wenn die eine Tour zu Ende ist, werden Sie sich schon auf die nächste freuen. Die beste Voraussetzung, um regelmäßig zu trainieren und auf Dauer dabeizubleiben!

Vielleicht wird es anfangs etwas komisch sein, mit den Stöcken in der Hand zu walken. Die Leute schauen sich nach Ihnen um, manchmal fallen auch »dumme Bemerkungen«. So können Sie durchaus mit der Frage rechnen, ob Sie denn Ihre Skier vergessen hätten oder ob Sie mit einem baldigen Wintereinbruch rechnen. Aber – es gibt zunehmend mehr Nordic Walker. Und schon bald wird es ein völlig normales Bild sein, die Walker mit den Stöcken auf den Feld-, Wald- und Wiesenwegen herumlaufen zu sehen. Gehen Sie selbstbewusst an die Sache heran. Denn das Laufgefühl beim Nordic Walking ist ewas ganz Besonderes. Sie können es bei keiner anderen Sportart erfahren.

Lassen Sie sich also nicht davon abhalten, das ganz besondere Laufgefühl des Nordic Walking ungehindert zu genießen.

Nordic Walking in der Gruppe

Sie können allein walken, mit Ihrem Partner, einem Freund, einer Freundin oder in der Gruppe – ganz nach Lust und Laune. Wollen Sie nach einem hektischen Tag Ihre Ruhe haben – dann gehen Sie besser allein. Ist Ihnen nach einem Plausch mit der Freundin oder dem Freund? Dann verabreden Sie sich zum Walken. Während des Nordic Walking können Sie sich herrlich gut unterhalten, weil das Training in der Regel nicht so anstrengend ist. Sie können sich austauschen, von Ihrem Tag berichten und – anders, als wenn Sie sich zum Kaffeetrinken oder auf ein Bier verabredet hätten, tun Sie gleichzeitig etwas für Gesundheit und Figur. Wollen Sie gern in der Gruppe walken? Vielleicht, weil Sie gern Gleichgesinnte kennen lernen möchten, weil Sie unter Anleitung eines Trainers walken wollen oder weil es in der Gruppe einfach mehr Spaß macht? Erkundigen Sie sich, ob es in Ihrer Nähe einen Nordic-Walking-Treff gibt. Viele Turn- oder Sportvereine bieten solche Treffs inzwischen an. Und wenn nicht, auch kein Problem. Gründen Sie selber eine Nordic-Walking-Gruppe! Wahrscheinlich finden sich genügend Leute, mit denen Sie gemeinsam etwas auf die Beine stellen können – Nordic Walking wird immer bekannter, immer mehr Menschen haben Interesse an diesem Sport.

Ein Wort zu schlechtem Wetter

Lassen Sie sich auch durch schlechtes Wetter von Ihrem Nordic-Walking-Training nicht abschrecken. Wenn Sie nur bei schönem Wetter walken, können Sie mindestens die Hälfte des Jahres Ihren Sport nicht betreiben. Wenn Sie Ihr Training im Herbst und Winter bei Kälte und bei Regen ausfallen lassen, gehen alle positiven Wirkungen schnell wieder verloren. Ihr Körper braucht regelmäßiges Training, um auf Dauer gesund und fit zu bleiben. So schnell, wie Sie Ihre Muskeln durch das Nordic Walking aufgebaut haben, entwickeln sie sich auch wieder zurück. So schnell, wie sich Ihre Ausdauerleistungsfähigkeit entwickelt hat, werden Herz, Kreislauf und Lunge auch wieder schlapp. Meistens müssen Sie nach dem Winter dann wieder ganz von vorne anfangen. Das ist doch schade! Versuchen Sie, auch im Herbst und Winter zu trainieren. Zugegeben – manchmal muss man seinen inneren Schweinehund ganz schön überwinden,

Tipp

So halten Sie durch!

Keine Zeit? Setzen Sie Prioritäten! Ob Sie Zeit für etwas haben oder nicht, ist eine Frage der Prioritäten. Die setzen Sie in Ihrem Leben selbst! Nordic Walking lohnt sich: Zweimal in der Woche 40 Minuten investierte Zeit bringt mehr Gesundheit, Fitness und Entspannung.

Machen Sie Termine! Treffen Sie eine Abmachung mit sich selbst und bleiben Sie konsequent – ab sofort zweimal pro Woche Nordic Walking! Tragen Sie die Termine in Ihren Kalender ein. Dadurch werden sie verbindlicher. Außerdem fällt es schwerer, einen eingetragenen Termin zu canceln.

wenn es draußen so richtig nass und kalt ist. Aber wenn Sie sich einmal daran gewöhnt haben, bei Wind und Wetter draußen zu sein, werden Sie spüren, wie gut Ihnen das tut. Auch Ihr Immunsystem profitiert davon. Wichtig ist, dass Sie sich entsprechend kleiden. Sie dürfen nicht frieren und müssen sich gut gegen Regen und Wind schützen. Ein Stirnband schützt Ihre Ohren vor kaltem Wind. Das Sport-Shirt, dass Sie im Winter tragen, sollte den ganzen Rücken abdecken und mindestens bis zum Po reichen. Am besten sollte es hoch geschlossen sein, damit auch der Hals geschützt ist. Und wenn Sie beim Wintertraining ins Schwitzen kommen, ist die heiße Dusche danach ein absolutes Muss! Wenn Sie diese Regeln beachten, ist Nordic Walking auch bei Kälte, Wind und leichtem Regen ein Genuss.

Trinken, trinken, trinken…

25 bis 45 Milliliter Wasser pro Kilogramm Körpergewicht benötigt ein Erwachsener täglich, um seinen Körper funktionsfähig und fit zu halten. Bei einem 70 Kilogramm schweren Menschen sind das also 1,7 bis 3 Liter Flüssigkeit pro Tag. Davon sollten Sie mindestens 1,5 bis 2 Liter trinken. Den Rest nehmen Sie in der Regel automatisch über die Lebensmittel auf, besonders viel Wasser steckt in Obst oder Gemüse.

Der Mensch besteht zu 50 Prozent und unsere Zellen zu 70 Prozent aus Wasser. Vor allem unsere wasserreichsten Organe – Gehirn, Blut und Muskulatur – reagieren ganz empfindlich auf zu wenig Flüssigkeitszufuhr. Ebenso hängt die Stoffwechselleistung der Muskelzellen ganz erheblich von deren Wassergehalt ab. Da der Körper über keine Wasserreserven – im Gegensatz zu den Fettreserven – verfügt, können bereits geringe Flüssigkeitsverluste die körperliche und geistige Leistung stark beeinträchtigen und das Gefühl der Erschöpfung beschleunigen und intensivieren. Deshalb ist es gerade beim Nordic Walking besonders wichtig, ausreichend und zum richtigen Zeitpunkt das Richtige zu trinken.

Tun Sie das nicht, dann bekommen Sie Ärger mit Ihrem Körper. Der nämlich reagiert auf diesen Flüssigkeitsmangel mit der Ausschüttung von Hormonen, die dem Gehirn das Signal geben: Ab sofort wird mit Wasser gespart!

Nordic Walking und Trinken gehören zusammen!

Das Gehirn versteht das Signal und leitet Maßnahmen ein: Die Schweißmenge wird minimiert, die Harnausscheidung reduziert und die Durchblutung gedrosselt. Und das ist nicht gut für Herz und Gehirn: Das Blut wird zähflüssiger, das Herz muss viel mehr leisten und viel kräftiger pumpen bei gleicher Walk-Geschwindigkeit. Weitere Folgen: Die Körpertemperatur steigt, die Milchsäure, die sich bei sportlicher Bewegung ansammelt, kann nicht mehr richtig abtransportiert werden und fängt an die Muskeln zu behindern. Und damit nicht genug. Das Gehirn bekommt weniger Sauerstoff zugeleitet, sodass sich viel schneller ein Müdigkeits- und Erschöpfungsgefühl einstellt.

Kurz und gut – eine ausreichende Flüssigkeitszufuhr ist enorm wichtig, weil die körperliche Funktionsfähigkeit bei Wassermangel massiv beeinträchtigt ist. Wer genug trinkt, kann den Einsatz von Armen und Beinen besser koordinieren, kommt besser mit den Stöcken zurecht und stolpert nicht. Außerdem fühlen Sie sich am Ende der Tour weniger erschöpft, können beim nächsten Mal die Strecke verlängern oder schneller walken.

Do it and Don't do it

Was Sie für Ihr Nordic-Walking-Training zum Thema »Trinken« beachten sollten, ist in Kürze zusammengefasst.

Do it:

- Um nicht schon mit einem Flüssigkeitsdefizit zu starten, trinken Sie bereits vor Ihrer Nordic-Walking-Tour ein Glas Wasser.
- Nehmen Sie immer eine Trinkflasche mit beim Nordic Walken. Es gibt spezielle Ausführungen, die leicht sind und unkompliziert an einem Gurt befestigt werden können. Das behindert Sie beim Nordic Walken überhaupt nicht!
- Trinken Sie immer, bevor der Durst kommt. Stellt sich das Durstgefühl erst ein, ist die Leistungsfähigkeit meist schon vermindert.
- Trinken Sie während des Walkens in regelmäßigen Abständen, am besten alle 20 Minuten etwa 0,2 Liter. Trinken Sie langsam und immer schluckweise.
- Vor, während und direkt nach dem Nordic Walking gilt folgende Regel zur Aufnahme der Flüssigkeitsmenge: Nehmen Sie mindestens die Menge an Flüssigkeit zu sich, die Sie auf der Nordic-Walking-Runde an Gewicht verlieren.
- Obwohl ein kaltes Getränk besonders erfrischend zu sein scheint, ist es günstiger weniger kalt zu trinken. Sie vertragen es besser!
- Schauen Sie auf den Mineralgehalt Ihres Getränks: Natrium (mindestens 0,5 Gramm Natrium pro Liter) bindet die Flüssigkeit im Körper und sorgt dafür, dass die Flüssigkeit schnell im Magen aufgenommen und Wasserverluste vollständig ausgeglichen werden.
- Haben Sie vor, länger als eine Stunde unterwegs zu sein, empfehlen wir Ihnen Getränke, die fünf bis acht Gramm Zucker (Kohlenhydrate) in 100 Milliliter Flüssigkeit enthalten.
- Wenn Sie sich vor einem »schweren« Magen schützen wollen, dann sollte Ihr Getränk nicht zu viel Kohlensäure enthalten. Das Kohlendioxid-Gas füllt den Magen und behindert die Flüssigkeitsaufnahme.

Don't do it

- Trinken Sie 2 bis 3 Stunden vor Ihrem Training kein koffeinhaltiges Getränk, keinen Kaffee und keinen Alkohol mehr.

Ganz besonders wichtig ist das ausreichende Trinken vor allem für Personen mit Gefäßproblemen (Herz und Venen), Personen, die regelmäßig Medikamente einnehmen müssen, ältere Menschen, Schwangere, Personen, die viel Schwitzen (zum Besipiel in den Wechseljahren) und solche, die ihr Gewicht reduzieren wollen. Genug zu trinken ist nicht nur für die Gesundheit wichtig. Sie brauchen die Flüssigkeit auch, um eine gute Leistung bringen zu können.

Welche Getränke sind sinnvoll, welche nicht?

Wasser und Mineralwasser

Das beste und einfachste Getränk ist sicherlich das Wasser. Egal, ob Sie es als Leitungswasser, als stilles Wasser, mit oder ohne Kohlensäure trinken. Hauptsache, Sie trinken genug davon. Nordic Walker sollten sich für ein magnesiumreiches Mineralwasser entscheiden. Wenn Sie nur kurze Strecken (bis etwa 45 Minuten in mäßigem Tempo) walken, reicht die Versorgung damit völlig aus. Wer viel schwitzt, sollte zusätzlich darauf achten, dass das Mineralwasser natriumhaltig ist. Natrium bindet die Flüssigkeit im Körper. Sind Sie länger oder mit etwas mehr Power unterwegs, sollten Sie dem Mineralwasser durchaus einen Anteil Fruchtsaft beimischen – im Verhältnis 1 zu 2 oder 1 zu 3. Denn das Mineralwasser allein liefert für lang dauernde Belastungen keinen Energienachschub.

Fruchtsäfte

Fruchtsäfte eignen sich hervorragend, um sie einem Mineralwasser beizumischen. Pur sollten Sie die Säfte jedoch vor, während oder direkt nach dem Nordic Walking nicht trinken. Unverdünnte Fruchtsäfte, Fruchtsaftgetränke oder Fruchtnektare enthalten meist sehr viel Zucker.

Dadurch kann die Entleerung des Magens verzögert werden.

Limonaden

Limonaden sind süß und enthalten viel Zucker. Um beim Sport schnell Flüssigkeit nachzuliefern, sind sie ungeeignet. Zu viel Kalorien, zu wenig Mineralstoffe und Vitamine!

Isotonische oder hypotonische Sportlergetränke

Solche speziellen Sportlergetränke werden heute fast überall angeboten. Diese Getränke sind jedoch für den Hochleistungssport konzipiert worden. Bei hoch intensiven Belastungen sorgen sie dafür, dass Wasser- und Energieverluste während des Trainings oder des Wettkampfes schnell ausgeglichen werden können. Freizeit- und Gesundheitssportler haben keine Vorteile, wenn sie diese – teilweise recht teuren Drinks – konsumieren. Was heißt eigentlich isotonisch und hypotonisch? Isotonische Getränke haben die gleiche Teilchenkonzentration (in der Fachsprache: Osmolarität) wie das Blutplasma. Dadurch kann die Flüssigkeit schnell vom Körper aufgenommen werden. Bei hypotonischen Getränken ist die Teilchenkonzentration geringer als die des Blutplasmas. Sie sind für Hochleistungssportler noch besser geeignet, weil die Flüssigkeit noch schneller resorbiert werden kann.

Light-Getränke

Diese Drinks sind mit Süßstoff gesüßt und enthalten wenig oder gar keine Kalorien. Das Problem: Häufig sind sie derart süß, dass sie den Appetit anregen und den Durst nicht wirklich löschen. Deshalb sollten Sie vor, während oder direkt nach dem Sport auf Light-Getränke verzichten.

Energy-Drinks

Sie enthalten in der Regel genug Kohlenhydrate, allerdings außerdem Koffein. Und das teilweise in extrem großen Mengen. Diese Muntermacher sind für den Sport nicht geeignet, weil Koffein die Nieren anregt, Wasser auszuscheiden. Sie erreichen also das Gegenteil von dem, was sie tatsächlich erreichen wollen – der Körper verliert Flüssigkeit anstatt sich ausreichend mit Flüssigkeit zu versorgen.

Kaffee, Tee, Alkohol

Kaffee, Tee und Alkohol sind Flüssigkeitsräuber. Es sind Genussmittel, die Sie in Ihre Flüssigkeitsbilanz nicht miteinrechnen dürfen. Im Gegenteil – der Körper braucht für das Ausscheiden der Gifte Koffein und Alkohol sogar noch zusätzlich Flüssigkeit (siehe Energy-Drinks).

Außerdem Alkohol macht zusätzlich fett – ein Gramm Alkohol liefert 7 Kilokalorien Energie. Das ist fast doppelt so viel wie ein Gramm Kohlenhydrate und fast so viel wie ein Gramm Fett. Und – Ihre körperliche Leistungsfähigkeit wird herabgesetzt, weil die Funktion des Zentralen Nervensystems beeinträchtigt ist. Sie können die Bewegungen einfach nicht mehr gut genug koordinieren. Auch im Winter, wenn es so richtig kalt ist, sollten Sie auf keinen Fall vor oder während des Nordic Walking Alkohol trinken (zum Beispiel Glühwein). Der Grund: Alkohol steigert kurzfristig die Durchblutung. Dadurch wird verstärkt Wärme über die Haut abgegeben. Das Risiko, sich zu unterkühlen, wächst.

Diese Probleme können auftauchen

Nordic Walking ist besonders schonend für Kreislauf, Muskeln, Bänder und Gelenke. Trotzdem gibt's manchmal Probleme – besonders, wenn Sie Anfänger sind. Wir sagen Ihnen, welche Probleme auftreten können und wie Sie am besten damit umgehen.

Muskelkater

Wenn Sie Nordic-Walking-Einsteiger sind, kann es sein, dass Sie nach einem Trainingstag Muskelkater haben – in den Oberschenkeln, den Waden oder auch in Armen, Schultern und Rücken. Muskelkater bekommt man immer dann, wenn Bewegungen ungewohnt sind, zu intensiv waren und die Muskeln sich noch nicht optimal auf die neue Belastung eingestellt haben. Die Folge: Mikroskopisch kleine Risse in den Muskeln. Durch diese Miniverletzungen bilden sich kleine Ödeme und schmerzauslösende Substanzen treten in das Muskelgewebe ein. Dadurch verspannt sich der Muskel. Keine Sorge – spätestens nach zwei bis drei Tagen ist der Muskelkater wieder weg, die kleinen Risse heilen ab. Sie wollen nicht warten, bis der

Muskelkater von allein verschwindet? Dann nehmen Sie ein heißes Bad, machen Wechselduschen, gehen in die Sauna oder massieren die schmerzenden Stellen ganz sanft. Denn – alles, was die Durchblutung der strapazierten Muskeln fördert, beschleunigt den Heilungsprozess. Wenn die Blutgefäße sich weiten, können die angesammelten Abfallprodukte schneller abtransportiert und dadurch die Heilung schneller in Gang gesetzt werden.

Blasen an Füßen oder Händen

Wenn Sie Blasen an den Füßen bekommen, passen Ihre Schuhe nicht richtig. Manchmal müssen Schuhe zwar erst eingelaufen werden und dabei weiten Sie sich etwas. Tritt aber nach jeder Tour das gleiche Problem immer wieder auf, sollten Sie sich neue Schuhe kaufen.

Beim Nordic Walking kann es passieren, dass Sie durch den ungewohnten Stockeinsatz Blasen an den Händen bekommen. Die Industrie hat darauf bereits reagiert. Im Handel sind spezielle Handschuhe – sowohl für den Sommer als auch für den Winter – erhältlich. Die schützen die beim Stockeinsatz besonders strapazierten Stellen und verhindern Blasen.

Seitenstechen

Wenn Sie Seitenstiche bekommen, ist es wahrscheinlich ein Zeichen dafür, dass Sie falsch geatmet haben. Im Körper ist ein Luftmangel entstanden. Und den versucht der Körper durch einen Blutdruckanstieg wieder auszugleichen. Die Folge: Milz und Leber ziehen sich schmerzhaft zusammen. Wenn Sie während des Nordic Walking das schmerzhafte Stechen spüren, atmen Sie einfach betont aktiv aus: Sch, sch, sch, sch, wie eine Dampflokomotive. Das wirkt Wunder! Die verbrauchte Luft wird weggeatmet und behindert so die neu einströmende frische Luft nicht mehr. Der Luftmangel wird wieder ausgeglichen.

Muskelkrampf

Plötzliche Krämpfe in den Muskeln treten meistens dann auf, wenn Sie zu wenig getrunken oder sich überfordert haben. Trinken Sie ausreichend! Wichtig ist, dass Sie auch schon vor dem Training ein Glas Wasser oder Saftschorle trinken. Oft helfen

Ein Wadenkrampf? Dann dehnen Sie!

Jetzt geht's los!

auch Magnesiumtabletten, um die Krämpfe zu verhindern. Möglicherweise haben Sie aber auch eine Bandage zu eng geschnürt oder der Strumpf drückt Ihnen in den Kniekehlen die Gefäße ab. Schaffen Sie Abhilfe, indem Sie die Bandage lockern und zukünftig Strümpfe mit breiterem Abschlussband anziehen. Bekommen Sie während des Trainings einen Krampf, dann bleiben Sie stehen, versuchen sich an die Dehnübung zu erinnern, die den betroffenen Muskel dehnt und lockern ihn danach zusätzlich aus und massieren ihn etwas. Danach sollten Sie langsam und bewusst locker weiterwalken. Wenn gar nichts mehr zu spüren ist, können Sie das Tempo wieder etwas steigern. Aber Vorsicht: Überfordern Sie sich nicht!

Das erste Mal – wie steige ich ein?

Sie haben vielleicht schon zu Hause ein bisschen die Technik geübt und sich mit den Stöcken angefreundet. Sie freuen sich jetzt auf Ihre erste »Runde« und wollen auch alles richtig machen. Dafür wollen wir Ihnen ein paar Tipps geben.

Ein Modellablauf

Sie stehen vor Ort am Beginn Ihrer Runde und sind schon in die Schlaufen geschlüpft.

1. Walken Sie jetzt langsam los und lassen Sie die Stöcke zunächst, ohne sie anzufassen, nur hinter sich herschleifen. Sie machen dabei auch keine bewusste Armbewegung, sondern bewegen den Schultergürtel ganz natürlich der Beckenbewegung entgegengesetzt mit. Das tut im Übrigen Ihrer Lendenwirbelsäule besonders gut, wenn Sie diese Minirotation im unteren Rücken bewusst wahrnehmen. Machen Sie das die ersten 2 Minuten lang.

2. Setzen Sie dann die Stöcke schon intensiver ein, indem Sie mit dem Handgelenk – aber noch mit geöffneten Händen – Druck nach hinten/unten auf die Stöcke ausüben. Die Schulter-Becken-Rotation wird Ihnen jetzt möglicherweise noch bewusster. Das führen Sie 2 bis 3 Minuten lang durch.

3. Jetzt fassen Sie an den Griffen beim Einstechen des Stockes in den Boden zu und öffnen die Hände wieder beim Ausschwung des Stockes

Das Training | **Active now!** 93

Denken Sie an das Öffnen der Hände!

Messen Sie zwischendurch Ihren Puls!

Das Knie vorne unbedingt leicht gebeugt halten!

Eine Dehnübung zum Abschluss tut mit Sicherheit gut!

In der Morgensonne kann man das Nordic-Walking-Training besonders gut genießen.

nach hinten (S. 93, oben links). Versuchen Sie den Ausschwung nach hinten immer beizubehalten, auch wenn Sie anfangen schneller zu walken. Um Zeit für den Ausschwung zu haben, versuchen Sie den Schritt nach **hinten**, nicht nach vorne etwas zu verlängern. Sie haben jetzt möglicherweise das Gefühl »einherzuschreiten«. Das aber wird sich im Laufe der Zeit sicherlich verflüchtigen.

4. Sie sind jetzt etwa 15 Minuten unterwegs und sollten jetzt mal Ihren Belastungspuls messen (S. 93, oben rechts): Suchen Sie noch während des Walkens Ihren Puls entweder an der Handgelenkschlagader oder an der Halsschlagader. Wenn Sie ihn gefunden haben, zählen Sie 10 Sekunden lang die Schläge und multiplizieren Sie dann mit 6. Stimmt der Belastungspuls mit Ihren Zielvorgaben überein?

5. Nach Messung Ihres Pulses walken Sie jetzt entsprechend langsamer oder schneller. Achten Sie auf die leichte Kniebeugung vorne beim Aufkommen des Fußes (S.93, unten links). Überprüfen Sie den Puls auf die gleiche Weise wie unter Punkt 4 noch einmal nach ca. 25 Minuten.

6. Wenn Sie sich ca. 10 Minuten vor Beendigung Ihrer Runde befinden, walken Sie bewusst langsam aus. Die Stöcke lassen Sie entweder wie zu Anfang hinter sich her schleifen oder Sie fassen die Stöcke in der Mitte und schwingen Sie bewusst zur Schulterlockerung vor und zurück im Rhythmus Ihres Schrittes. Zur aktiven Regeneration können Sie zusätzlich beitragen, indem Sie bewusst atmen: Versuchen Sie Ihre Ausatmung zu verlängern und möglicherweise auch tief in den Bauch hinein einzuatmen. Das massiert die inneren Organe und versorgt Sie noch besser mit dem heilsamen Sauerstoff. Diese Art des Cool-downs dient der Regeneration am meisten.

7. Um noch etwas für die Beweglichkeit und für ein besseres Muskelgefühl zu tun, schließen Sie die Runde mit ein paar Dehnübungen ab (S. 93, unten rechts). Da würde sich beim ersten Mal die Waden- und die Schienbeindehnung anbieten (siehe Seite 97).

Dehnen und Stretchen

Haben Sie schon einmal ein Katze dabei beobachtet, wie sie sich ausgiebig und voller Genuss räkelt und dehnt, ihre Wirbelsäule in die Höhe streckt und wieder Richtung Boden zieht? Menschen tun das viel zu selten. Werden Muskeln nicht regelmäßig gedehnt, verkürzen sie automatisch und man wird immer unbeweglicher. Sanfte Dehnübungen sorgen dafür, dass die Muskeln wieder geschmeidig und elastisch werden. Die Muskeln selbst und das umliegende Gewebe werden durchblutet und mit Sauerstoff versorgt. Dabei lösen sich Verspannungen manchmal fast wie von allein. Auch der Bewegungsradius der Gelenke wird wieder größer und Ihre Beweglichkeit nimmt zu. Nordic Walker sollten das Dehnen zu einem Bestandteil ihres Trainings machen. Das »Andehnen« vor dem Sport hilft Ihnen, sich auf Ihren Körper zu konzentrieren und sich auf die Belastung einzustimmen. Das Dehnen danach kann Muskelverspannungen lösen und die Regeneration unterstützen. Stoffwechselendprodukte gelangen aus den Muskeln schneller in den Blutkreislauf und werden abtransportiert. Das Umschalten von Leistungsbereitschaft auf Erholung geht schneller, Sie können sich besser regenerieren.

Nach so viel Aufrichtung beim Nordic Walken, darf der Rücken auch mal rund werden.

Dehnen? Stretchen?

Zwei Begriffe, die dasselbe meinen? Nein nicht ganz: Stretchen ist eine von vielen Techniken des Dehnens. Wir wollen Ihnen als Nordic Walker zwei dieser vielen Dehntechniken vorstellen: Stretching als die bekannteste und unkomplizierteste Variante des Dehnens. Sie sollten sie vor allem einsetzen, um Ihre Gelenkbeweglichkeit zu erhalten. Diese geht nämlich verloren, wenn man den Gelenken und den am Gelenk befindlichen Muskeln nicht hin und wieder die Information gibt, dass sie diese Beweglichkeit noch haben. Zum anderen stellen wir Ihnen das bewegte (intermittierende) Dehnen vor. Diese Technik bietet sich vor allem auch als Regenerationsvariante nach dem Nordic Walken an.

Wie dehnen?

Es gibt also verschiedene Dehnmethoden. Jede Methode hat Vor- und Nachteile, einige Methoden sind schön einfach, andere sind etwas komplizierter. Wir stellen Ihnen zwei Methoden vor. Das gehaltene Dehnen ist die einfachere Variante, ist aber als Regenerationsmaßnahme nicht so ideal, weil Ihre Gefäße bei dieser Dehnvariante verengt werden und der Blutfluss reduziert wird. Somit können Stoffwechselendprodukte nicht so schnell abtransportiert werden wie beim intermittierenden Dehnen. Wenn Sie eine Dehntechnik als Regenerationsmaßnahme einsetzen wollen, dann entscheiden Sie sich besser für das bewegte Dehnen. Hierbei hilft der »Pumpeffekt« den Blutstrom am Laufen zu halten und damit die Schlackenstoffe abzutransportieren. Probieren Sie beide aus und entscheiden Sie sich je nach Zielstellung dann für die Variante, die Ihnen am besten gefällt und mit der Sie sich am wohlsten fühlen.

Das Training | Dehnen und Stretchen

Wenn Sie Nordic Walking trainieren und dabei die Technik des Sprunglaufs einsetzen wollen, dann ist es besser auf ein ausführliches Vordehnen zu verzichten. Denn durch die Stretching-Übungen verlieren Sie an Explosivität. Auf keinen Fall dürfen Sie jedoch auf das äußerst wichtige Warm-up verzichten.

Gehaltenes (statisches) Dehnen
- Gehen Sie langsam, kontrolliert und ohne jegliches Nachfedern in die unten beschriebene Dehnposition.
- Bewegen Sie sich so weit, bis Sie das typische Dehngefühl spüren – ein leichtes, manchmal auch etwas stärkeres Ziehen im Muskel, das aber nicht unangenehm schmerzt.
- Halten Sie diese Stellung mindestens 10 Sekunden lang, besser etwas länger. Konzentrieren Sie sich auf den gedehnten Muskel und versuchen Sie ihn zu entspannen. Nur dann kann er dem Zug nachgeben.

Bewegtes (intermittierendes) Dehnen
- Wieder gehen Sie langsam und vorsichtig in die Dehnposition, bis Sie das angenehme Ziehen spüren.
- Versuchen Sie durch ein minimal ausgeführtes Wippen noch weiter in die Dehnung hineinzugelangen. Sie gehen also nicht aus Ihrer Dehnposition raus, sondern verstärken Ihre Dehnposition durch ein geringes und vorsichtiges Nachfedern in Dehnrichtung.
- Atmen Sie dabei bewusst stoßartig aus. So können Sie Ihre Dehnposition auch durch die Atmung mit beeinflussen.

Nordic Stretching

Hier finden Sie die wichtigsten Dehnübungen für Nordic Walker. Diese Übungen setzen gezielt an den Schwachstellen an und dehnen genau die Muskeln, die beim Nordic Walking verspannen können. Einige Übungen können Sie sowohl ohne als auch mit Stöcken machen. Probieren Sie bei-

Das Foto zeigt eine Übung zur Dehnung der Wadenmuskulatur.

Die Wadenmuskeln können auch unter Zuhilfenahme der Stöcke gedehnt werden.

Das Training | Dehnen und Stretchen

Eine Übung zur Dehnung der Beinrückseite (Ischiokruralmuskulatur).

Die Dehnung der Beinrückseite mit Unterstützung der Stöcke.

des aus und entscheiden Sie sich für die Variante, die Ihnen am besten gefällt.

Für die Waden
Das rechte Bein weit zurückstellen, und die Ferse langsam zum Boden drücken (S. 96). Beide Füße zeigen gerade nach vorne, das hintere Knie ist gestreckt. Ziehen Sie jetzt Ihre Zehen im Schuh nach oben zur Schuhkappe. Dann mit links.

Variante mit Stöcken:
Stellen Sie Ihre beiden Stöcke möglichst eng nebeneinander und leicht schräg vor sich auf den Boden. Spannen Sie Ihren rechten Fußballen an den Stöcken entlang nach oben. Versuchen Sie Ihr Gewicht nach vorne auf den rechten Fuß zu verlagern. Wenn Sie jetzt noch zusätzlich die Stöcke etwas zu sich herziehen, spüren Sie Ihre Wadenmuskulatur.

Für die Beinrückseite
Die rechte Ferse vorne aufstellen und die Fußspitze heranziehen. Das rechte Knie ist – soweit keine Schmerzen auftreten – gestreckt. Nun den Po langsam nach hinten schieben, das Brustbein nach vorne. Dabei mit beiden Händen auf dem linken Oberschenkel abstützen. Seitenwechsel nicht vergessen.

Variante mit Stöcken:
Halten Sie die Stöcke in beiden Händen und setzen Sie sie vorne sicher auf dem Boden auf. So können Sie Ihr linkes Bein bei der Übungsausführung von oben entlasten und Ihr Gesäß noch weiter nach hinten rausschieben. Das erhöht den Dehneffekt. Dann mit links.

Für die Oberschenkel vorne

Sie stehen auf dem linken Fuß, fassen den rechten Fuß und ziehen ihn sanft Richtung Po. Das rechte Knie zeigt senkrecht zum Boden, die Hüfte wird leicht nach vorne geschoben. Die Gesäßmuskeln werden angespannt (Po zusammenkneifen). Seitenwechsel.

Variante mit Stöcken:
Die Übung ist mit Stock wesentlich einfacher, weil Sie besser die Balance halten können. Halten Sie einen Stock in der linken Hand, greifen Sie den rechten Fuß und ziehen Sie ihn Richtung Po. Seitenwechsel.

> Mit dieser Übung wird die vordere Oberschenkelmuskulatur (Quadrizeps) gedehnt.

Für den Hüftbeuger

Setzen Sie das rechte Knie auf dem Boden ab, den linken Fuß weit nach vorne aufstellen. Die Hände stützen Sie auf dem linken Oberschenkel ab. Nun die rechte Hüfte etwas nach vorne verlagern (S. 99, oben links). Sie spüren dann einen Zug in der Leistengegend. Dabei bleibt der Rücken gerade und das Brustbein angehoben. Seitenwechsel nicht vergessen.

Variante mit Stöcken:
Mit Stöcken ist diese Dehnung intensiver. Im Kniestand beide Stöcke neben dem Körper aufsetzen und die Hüfte noch weiter nach vorne unten bewegen. Gleichzeitig spannen Sie Ihre Arme – in die Schlaufen aufgestützt – weit nach hinten außen (S. 99, oben rechts). Gerade der häufig

> Auch zur Dehnung der vorderen Oberschenkelmuskulatur können die Stöcke unterstützend eingesetzt werden.

Das Training | **Dehnen und Stretchen** **99**

Eine hervorragende Übung zur Dehnung des Hüftbeugers.

Bei dieser Variante mit Stöcken werden der Hüftbeuger und die Brustmuskulatur gleichzeitig gedehnt.

stark verkürzte Hüftbeuger braucht zur Veränderung einen intensiven Reiz. Seitenwechsel nicht vergessen.

Für den Po
Diese Übung machen Sie besser immer mit Ihren Stöcken. Ohne deren Stabilisierung verlieren Sie sonst schnell die Balance. Beide Stöcke vorne aufstellen und ganz sicher im Boden verankern. Den rechten Fuß legen Sie auf dem linken Oberschenkel ab. Das linke Knie ist gebeugt, der Rücken ist ganz gerade. Schieben Sie den Po weit nach hinten (rechts). Spüren Sie die Dehnung in Po und Hüftaußenseite? Machen Sie die gleiche Übung auch mit links.

So dehnen Sie mit Hilfe der Stöcke die Pomuskulatur und die Hüftaußenseite.

Das Training | Dehnen und Stretchen

Diese Übung zur Rückendehnung soll aussehen wie ein Katzenbuckel.

Setzen Sie auch beim Katzenbuckel Ihre Stöcke ein.

Für den Rücken
Sie stehen mit hüftbreit geöffneten Füßen und leicht gebeugten Knien. Die Fußspitzen zeigen gerade nach vorne. Stützen Sie beide Hände auf den Oberschenkeln ab und machen Sie Ihren Rücken ganz rund. Versuchen Sie den oberen Rücken ganz rund zu machen – wie eine Katze die Brustwirbelsäule nach oben schieben. Dann den Rücken wieder ganz gerade machen.
Versuchen Sie jetzt die Lendenwirbelsäule, also den unteren Rücken, nach oben zu schieben und damit vor allem die Muskeln des unteren Rückens zu dehnen. Dann den Rücken wieder gerade machen. Wiederholen Sie die Bewegungen 3- bis 4-mal.

Variante mit Stöcken:
Nun die Rückendehnung mit Stöcken. Gleiche Ausgangsposition wie zuvor beschrieben einnehmen. Die Stöcke waagerecht greifen und die Arme ganz weit nach vorne schieben, indem Sie den Rücken rund machen und die Schultern hoch zu den Ohren ziehen.
Versuchen Sie auch hier im Wechsel unterschiedliche Rückenabschnitte schwerpunktmäßig zu dehnen. Zunächst vor allem den oberen Rücken lang machen, dann versuchen Sie hauptsächlich den unteren Rücken zu dehnen, indem Sie die Lendenwirbelsäule nach oben schieben.

Das Training | Dehnen und Stretchen

Für die Brustmuskeln

Mit Ihren Stöcken können Sie hervorragend die Brustmuskeln dehnen, den Brustkorb weiten und die Aufrichtung des Brustbeins trainieren. Deshalb hier zwei Übungen zur Dehnung der Brustmuskeln mit Stock:

> **Übung 1 zur Dehnung der Brustmuskulatur ist auch ohne Stöcke möglich.**

Übung 1:

Stellen Sie sich gerade und aufrecht hin. Die Knie leicht beugen, den Bauchnabel etwas Richtung Wirbelsäule nach innen einziehen. Greifen Sie einen oder beide Stöcke weit außen und strecken Sie Ihre Arme über den Kopf. Nun die Arme langsam etwas weiter nach hinten bewegen.

Übung 2:

Für die zweite Übung halten Sie Ihre Stöcke an den Griffen fest und stellen sie vor dem Körper weit geöffnet auf dem Boden fest auf. Mit den Füßen ganz weit zurückgehen, bis Arme und Rücken eine gerade Linie parallel zum Boden bilden. Schieben Sie nun das Brustbein tief in Richtung Boden.

> **Bei Übung 2 benötigen Sie dagegen die Stockunterstützung.**

Das Training | Dehnen und Stretchen

Für die Körperseite

Gehen Sie in die breite Grätsche, stellen Sie beide Beine weit auseinander. Beugen Sie das linke Knie und achten Sie darauf, dass das Knie sich dabei genau über der linken Fußspitze befindet. Strecken Sie nun den rechten Arm ganz weit über den Kopf nach links und dehnen Sie Ihre rechte Körperflanke ganz weit auf. Dabei liegt der Oberarm direkt am Ohr. Sie spüren die Dehnung auf der rechten Körperseite. Wiederholen Sie die Übung auch auf der anderen Körperseite.

Variante mit Stöcken:

Die Übung mit Stock sieht etwas anders aus. Im Grätschstand den Bauchnabel etwas in Richtung Wirbelsäule nach innen einziehen und den Po fest anspannen. Halten Sie nun einen oder beide Stöcke an den Enden fest und strecken Sie die Arme hoch über den Kopf. Jetzt beugen Sie sich weit nach rechts zur Seite. Dabei spüren Sie, dass die linke Körperseite lang gezogen und gedehnt wird. Kurz halten und wieder zurück zur Mitte. Dann nach links beugen.

Die Körperseiten dehnen Sie mit weit gegrätschten Beinen.

Achten Sie bei der Variante mit Stöcken darauf, den Bauchnabel etwas in Richtung Wirbelsäule zu ziehen.

Das Training | **Dehnen und Stretchen** **103**

Führen Sie diese Übung zur Dehnung der Schulterpartie mit hüftbreit gegrätschten Beinen durch.

Stellen Sie die Stöcke weit neben Ihren Körper.

Für die Schultern

Stellen Sie sich aufrecht hin, der Rücken ist gerade. Die Beine sind hüftbreit geöffnet, die Knie sind etwas gebeugt, beide Fußspitzen zeigen gerade nach vorne. Bewegen Sie nun Ihren rechten Arm vor dem Körper zur linken Seite. Ihr Oberkörper bleibt dabei frontal ausgerichtet und dreht sich nicht zur Seite. Ziehen Sie zusätzlich mit der linken Hand den rechten Oberarm sanft nach links unten. Spüren Sie die Dehnung in der Schulter? Achten Sie darauf, dass die Hüfte vorne bleibt und sich nicht zur Seite wegdreht.

Variante mit Stöcken:

Sie können Ihre Schultermuskeln auch mit Hilfe der Stöcke dehnen. Stellen Sie sich aufrecht mit geradem Rücken hin. Wiederum öffnen Sie die Beine etwa hüftbreit und beugen die Knie leicht. Jede Hand greift einen Stock am Griff. Öffnen Sie Ihre Arme und stellen Sie die beiden Stöcke seitlich des Körpers auf dem Boden auf. Die Ellbogen bleiben gebeugt. Bewegen Sie nun Ihren Oberkörper etwas nach vorne und üben Sie gleichzeitig Druck mit Ihrer Hand in die Schlaufe nach unten aus. Ziehen Sie die Schultern tief nach unten.

104 Das Training | **Dehnen und Stretchen**

Es tut gut, den Nacken vorsichtig zu dehnen.

Für den Nacken

Der Nacken ist der schwächste und auch der anfälligste Teil der Wirbelsäule. Deshalb müssen die Stretching-Übungen für den Nacken besonders sanft sein. Legen Sie Ihre Stöcke zur Seite, um Ihren Nacken ganz sanft in die Länge zu ziehen: Legen Sie eine Hand an den Hinterkopf und die andere an die Halswirbelsäule. Bewegen Sie den Kopf nun ganz wenig nach vorne und unten. Das Kinn bewegt sich Richtung Brustbein (links). Tut die Übung Ihnen gut? Dann können Sie die Dehnung verstärken, indem Sie den Hinterkopf noch etwas weiter nach vorne ziehen.

Für die Halsmuskeln

Sie stehen wieder aufrecht mit leicht gebeugten Knien und hüftbreit geöffneten Beinen. Richten Sie das Brustbein nach vorne auf und neigen dann

Die Halsmuskeln können so gedehnt werden.

Die Dehnung der Halsmuskeln mit Stöcken.

Das Training | Dehnen und Stretchen

den Kopf langsam und vorsichtig auf die linke Schulter (S. 104, unten links). Wollen Sie die Dehnung noch etwas verstärken? Dann ziehen Sie auf der Gegenseite Ihren Arm tief nach unten in Richtung Boden. Wechseln Sie auf die andere Seite.

Variante mit Stöcken:
Aufrechter Stand, das Brustbein aufrichten. Einen Stock hinter dem Körper mit beiden Händen greifen. Nun den Kopf in Richtung zur linken Schulter ablegen. Gleichzeitig zieht die linke Hand den Stock vorsichtig nach links (S. 104, unten rechts), sodass die Dehnung für die rechte Halsmuskulatur noch etwas verstärkt wird. Dann die Seite wechseln.

Für die Arme
Diese Übung dehnt Unterarme und Finger und bietet einen guten Ausgleich, wenn Sie dazu neigen, die Stöcke beim Walking zu verkrampft festzuhalten: Wieder die Beine hüftbreit öffnen und die Knie etwas beugen. Strecken Sie den rechten Arm lang nach vorne aus. Dabei zeigt die Handfläche nach oben. Nun die Finger der rechten Hand mit Hilfe der linken ganz vorsichtig nach unten ziehen. Dann mit links.

Variante mit Stöcken:
Mit Stock können Sie hervorragend Ihre Oberarmrückseite – den Trizepsmuskel – dehnen: Ausgangsposition wie oben. Halten Sie den Stock hinter dem Körper fest, indem die rechte Hand von oben und die linke von unten an den Stock fasst. Der rechte Ellbogen zeigt dabei ganz gerade nach oben. Nun zieht die linke Hand den Stock sanft nach unten – dabei wird die Rückseite des rechten Oberarms gedehnt. Dann Seitenwechsel.

Eine Unterarmdehnung zur Entkrampfung von Arm und Hand.

Besonders der Trizeps kann mit Hilfe der Stöcke gut gedehnt werden.

Info

Richtig atmen!

Viele Menschen halten gerade dann die Luft an, wenn der Körper sie am nötigsten braucht – während des Muskeltrainings. Atmen Sie immer dann aus – wenn der Muskel sich anspannt und Sie Kraft brauchen. Und wieder ein, wenn Sie die Spannung aus dem Muskel langsam wieder lösen. Wenn Sie während des Muskeltrainings vergessen zu atmen, bekommt Ihr Körper nicht nur zu wenig Sauerstoff, auch der Kreislauf wird extrem belastet. Der Grund: Halten Sie die Luft an, steigt der Druck im Brustinnenraum und dadurch auch der Druck auf die Blutgefäße. In der Folge steigt der Blutdruck.

Muskeltraining

Nordic Walking trainiert Ihre Ausdauer und kräftigt den ganzen Körper. Vor allem Oberschenkel, Po, Hüfte und Waden, Rücken und Brust sowie Schultern und Arme. Das reicht Ihnen nicht? Sie wollen Ihre Muskeln über das sanfte Krafttraining durch Nordic Walking hinaus zusätzlich trainieren? Etwa, um sich einen Besuch im Fitness-Studio zu ersparen oder um gezielt etwas für Ihre Figur zu tun. Kein Problem – bauen Sie während Ihrer Tour eine kurze Pause ein. Lockern Sie Ihre Muskeln etwas auf und danach kann es gleich losgehen mit den Muskelübungen für noch mehr Power.

Muskeltraining – aber richtig!

Sportwissenschaftler haben herausgefunden, dass Muskeltraining gut funktioniert, wenn die Muskeln mit mittlerer Intensität, dafür aber, mit vielen Wiederholungen gekräftigt werden. Sie müssen also gar nicht bis an Ihre Grenzen gehen, um die besten Effekte für Muskelaufbau und Figurformung zu erreichen. Es reicht völlig aus, wenn Sie das Gefühl haben, dass Sie sich mittelschwer belasten. Sie müssen nicht alle aufgeführten Übungen machen. Suchen Sie sich die Muskelgruppen heraus, die Sie besonders intensiv trainieren wollen. Wenn Sie Anfänger sind, machen Sie alle ausgewählten Übungen 15-mal – direkt hintereinander ohne Pause. Sind Sie fortgeschritten, führen Sie 20 Wiederholungen durch. Machen Sie insgesamt etwa 2 bis 3 Durchgänge. Wichtig: Nach jedem Durchgang eine kurze Lockerungspause von etwa ein bis zwei Minuten einlegen.

Das Muskelprogramm für mehr Power

Für die Oberschenkel vorne

Sie können diese Übung mit oder auch ohne Stöcke durchführen. Mit Stöcken: Stechen Sie die Stöcke vor dem Körper in den Boden ein. Stützen Sie sich etwas auf die Stöcke, sie geben Ihnen Halt und entlasten das Knie dadurch. Gehen Sie mit dem linken Bein einen großen Schritt zurück. Die Fußspitze aufstellen, die Ferse ist angehoben. Das rechte Knie ist gebeugt, sodass Unter- und Oberschenkel beinahe einen rechten Winkel bilden

Das Training | **Muskeltraining** **107**

Eine Übung zur Kräftigung der Oberschenkelmuskulatur.

Es ist darauf zu achten, dass der Kniewinkel immer etwas größer ist als 90 Grad.

(oben links). Halten Sie Ihren Oberkörper aufrecht. Nun das linke Knie ein paar Zentimeter senken (oben rechts) und wieder hochkommen, langsam und gleichmäßig. Seitenwechsel.

Das ist eine Übung zur Kräftigung der Hüftmuskulatur.

Für die Außenseite der Oberschenkel und die Hüfte
Die Beine sind hüftbreit geöffnet, die Knie leicht gebeugt. Verlagern Sie nun das Gewicht auf das linke Bein, heben Sie das rechte nach außen an (rechts) – und wieder senken. Halten Sie die Fußspitze und das Knie in einer Ebene. Machen Sie die Seitbewegung des Beins nur so weit, wie Sie den Rumpf aufrecht halten können und versuchen Sie die Beinmuskulatur während der gesamten Bewegung unter Spannung zu halten. Dabei hilft es Ihnen, die Zehen hoch in Richtung Schienbein zu ziehen. Seitenwechsel.
Wenn Sie diese Übung mit Ihrem Stock machen, ist es einfacher die Balance zu halten. Dazu einfach einen Stock aufstellen und sich daran festhalten. Achten Sie darauf, dass der Rücken aufrecht und gerade ist.

Die Oberschenkelinnenseite wird gekräftigt.

Eine ausführliche Bewegung zur Kräftigung der Pomuskulatur.

Für die Oberschenkelinnenseite
Halten Sie einen Stock in der rechten Hand und stützen Sie sich darauf etwas ab. Sie stehen auf dem linken Bein, heben das rechte Bein an – und bewegen es nach links – zwischen Stock und linkem Bein hindurch (links). Führen Sie auch hier die Bewegung nur so weit aus, wie der Oberkörper aufrecht bleiben kann und halten Sie während des gesamten Bewegungsablaufs den Muskel unter Spannung. Seitenwechsel.

Für den Po
Auch diese Übung funktioniert sowohl mit als auch ohne Stöcke. Stellen Sie mit der linken Hand einen Stock sicher und gerade auf den Boden auf, stellen Sie sich fest auf das linke Bein und ziehen Sie Ihren Bauchnabel in Richtung zur Wirbelsäule nach innen ein. Drehen Sie nun das rechte Bein etwas nach außen und heben es so weit nach hinten an, wie der Rumpf aufrecht bleiben kann (unten) – und wieder senken. Seitenwechsel nicht vergessen.

Für Schultern und den oberen Rücken
Sie stehen aufrecht mit leicht gebeugten Knien und angespannten Bauchmuskeln. Die Fußspitzen zeigen nach vorne. Greifen Sie einen Stock hinter dem Körper – etwa schulterbreit und so, dass die Daumen nach außen zeigen. Nun ziehen Sie diesen Stock mit Spannung auseinander. Heben Sie gleichzeitig die Arme nach hinten an (S. 109, oben links). Kurz halten, die Spannung spüren und dabei ausatmen. Dann den Stock wieder absenken. Beim Anheben der Arme und beim Auseinanderziehen des Stockes spüren Sie, wie die Schulterblätter zusammengezogen und die Muskeln um die Schulterblätter herum gekräftigt werden.

Für Schultern, Brust, Rücken und Arme
Stellen Sie sich locker hin. Die Knie sind leicht gebeugt. Stellen Sie die Stöcke schräg vor dem Körper auf und fixieren Sie sie gut im Boden (nicht auf Asphalt!). Spannen Sie Bauch- und Gesäßmuskulatur an und senken Sie Ihren Oberkörper langsam. Die Ellbogen gehen dabei nach außen (S. 109, oben rechts). Sie machen sozusagen Liegestütze auf Ihren Stöcken.

Das Training | **Muskeltraining** **109**

Für eine bessere Haltung eine Übung für den oberen Rücken.

Gelenkschonende Liegestütze mit Stöcken.

Für den Trizeps (Rückseite der Oberarme)
Die einfache Variante: Stellen Sie sich locker hin, die Knie sind leicht gebeugt. Den Oberkörper etwas nach vorne neigen und das Brustbein nach vorne drücken, der Rücken bleibt ganz gerade. Strecken Sie beide Arme lang nach hinten aus. Nun die Hände kräftig zu einer Faust schließen und dann die Unterarme an die Oberarme heranziehen – und wieder wegstrecken.

Die schwierige Variante: Die Stöcke schräg und sicher hinter dem Körper in den Boden einstechen, die Knie sind gebeugt. Nun Po und Oberschenkel nach unten bewegen (rechts) – so als wollten Sie sich hinsetzen. Versuchen Sie sich dann mit der Kraft Ihrer Arme wieder hochzudrücken. Atmen sie dabei fließend weiter, nicht die Luft anhalten.
Wiederholen Sie die Übung: Knie tief beugen und dann mit der Kraft der Arme wieder nach oben drücken. Spüren Sie jetzt die Muskeln auf der Oberarmrückseite? Dann machen Sie es genau richtig.

Eine anspruchsvolle Übung für den Trizeps.

Kräftigung der oberflächlichen Bauchmuskulatur: Ausgangsstellung.

Für den Bauch

Um Ihren Bauch effektiv zu trainieren, müssen Sie auf den Boden gehen. Legen Sie sich auf den Rücken und stellen Sie beide Füße auf. Halten Sie einen Stock mit beiden Händen fest, ziehen Sie ihn leicht auseinander und legen Sie ihn an den Hinterkopf. Den Kopf auf dem Stock ablegen und mit dessen Gewicht sogar etwas in den Stock hineindrücken. Heben Sie nun langsam – gleichzeitig mit dem Ausatmen den Oberkörper gerade an. Die Ellbogen zeigen dabei nach außen und Sie schauen über sich in den Himmel. Dann genauso langsam, gleichzeitig mit dem Einatmen den Oberkörper wieder senken. Aber nicht ganz ablegen.

Für den Rücken

Halten Sie einen Stock mit beiden Händen fest und ziehen Sie ihn leicht auseinander. Jetzt den Oberkörper gerade nach vorne nehmen, die Knie bleiben leicht gebeugt, der Rücken ist gerade.

Endposition der Kräftigungsübung für den Bauch.

Das Training | Muskeltraining

Zur Rückenkräftigung. Nicht vergessen den Stock leicht auseinander zu ziehen!

Endposition der Übung. Die Schulterblätter sind in Richtung Gesäß gezogen.

Heben Sie die Arme so hoch an, dass sie sich in Verlängerung des Rückens befinden. Dann senken Sie sie wieder ganz nach unten und wiederholen die Bewegung.

Zum Schutze der Wirbelsäule (tief liegende Bauch- und Rückenmuskeln)
Stellen Sie sich aufrecht hin, die Knie sind leicht gebeugt. Sie haben einen Stock vor dem Körper auf Brusthöhe gefasst und ziehen diesen auseinander (rechts). Ziehen Sie zusätzlich den Boden unter sich mit Hilfe Ihrer Füße leicht nach außen. Lassen Sie den Bauchnabel nach innen zur Wirbelsäule wandern und die Schulterblätter nach unten Richtung Boden. Diese Spannung bitte über die ganze Übung hinweg unbedingt halten! Stellen Sie sich vor, Sie müssten jetzt ein Sieb schütteln. Tun Sie das jetzt mit Ihrem Stock ganz schnell nach rechts und links im Wechsel ohne den Atem dabei anzuhalten. Versuchen Sie diese äußerst schnelle und anstrengende Bewegung 10 bis 15 Sekunden durchzuhalten und wiederholen Sie die Übung 2- bis 3-mal.

Zur Kräftigung der tief liegenden Rücken- und Bauchmuskeln: das Sieb schütteln.

Nordic Walking mit Handicap

Nordic Walking – ist das einer dieser neuen Fitness-Trends, die schnell kommen, aber auch genauso schnell wieder von der Bildfläche verschwunden sind? Nein, Nordic Walking ist anders! Das Besondere: Selbst, wenn Sie körperliche Einschränkungen haben, ist Nordic Walking der richtige Sport für Sie. Bei bestimmten körperlichen Problemen wird sogar ausdrücklich zum Nordic Walken geraten! Im Folgenden erfahren Sie, was Sie beachten müssen, wenn Sie nicht ganz so fit oder gesund sind.

Nordic Walking mit orthopädischen Problemen

Haben Sie Knie-, Hüftgelenk-, Rücken- oder Schulterprobleme? Dann kann Nordic Walking genau die richtige Sportart für Sie sein. Im Folgenden erfahren Sie, warum Nordic Walking für Sie besonders effektiv ist und worauf Sie dennoch achten sollten.

Nordic Walking trotz eines Gelenkproblems?

Wenn Sie akute Schmerzen haben, sollten Sie diese Frage zuerst mit Ihrem behandelnden Arzt abklären. Auch wenn Ihre Schmerzen bereits chronisch geworden sind, ist es sinnvoll, sich an Ihren Arzt zu wenden und zu fragen, ob bei Ihrem Befund etwas gegen die Sportart Nordic Walking spricht.
Aus unserer Sicht und Erfahrung können wir Ihre Frage mit »Ja« beantworten, wenn:
- Sie nach dem Nordic Walken kein geschwollenes Gelenk haben, was über mehr als einen Tag hinweg angeschwollen bleibt. Sind Sie kein Rheumatiker, haben nach dem Nordic Walking dennoch immer wieder ein geschwollenes Gelenk, dann lassen Sie zuerst Ihre Technik von einem qualifizierten Trainer (s. Tipp S. 22) überprüfen. Konsultieren Sie gegebenenfalls auch einen Arzt.
- Sie nach dem Nordic Walken keine Rötung und vor allem Erhitzung am Gelenk feststellen,
- Ihre Schmerzen nur kurzfristig leicht erhöht sind, nach spätestens einem Tag aber wieder abgeklungen sind. Auch hier bietet es sich an, dass Sie sich nochmals wegen Ihrer Technik beraten lassen.
- Sie nach dem Nordic Walken keine Schmerzen in bisher schmerzfreien Gelenken verspüren. Dann nämlich müssten Sie einen DWI-ausgebildeten Walkinglehrer bitten, Ihre Nordic-Walking-Technik zu beurteilen (zu ermitteln über www.walking.de).

Knieprobleme oder Hüftgelenkprobleme

Sie haben Knieprobleme? Eine Arthrose, einen Meniskusschaden, Kreuz- oder Seitenband-Verlet-

Nordic Walking mit Handicap | Orthopädische Probleme

Ein zusätzlicher Halt fürs Knie: Eine Knie-Orthese.

den Stockeinsatz stark entlastet werden. Dadurch haben Sie wesentlich weniger Druck auf dem Knie- und dem Hüftgelenk. Trotzdem kräftigen Sie jedoch die Muskeln rund um Knie und Hüfte herum. Und das ist wichtig, um die Gelenke zu stabilisieren. Denn eine gute Muskelmanschette um das Gelenk zeichnet sich dadurch aus, dass alle Strukturen um das Gelenk – Bänder, Sehnen, Muskeln – harmonisch »an einem Strang« ziehen und natürlich auch kräftig genug sind.

Worauf Sie achten müssen
Menschen mit Gelenkproblemen sollten in erster Linie gut auf die richtige Technik achten. Das gilt nicht nur für Menschen, die Knie- und/oder Hüftgelenkprobleme haben, sondern auch für diejenigen, die unter Rückenproblemen leiden und sich im Hals-Nacken-Bereich verspannt fühlen.
Ein ganz entscheidender Technik-Faktor für alle Gelenke ist die Kniebeugung. Beachten Sie deshalb folgende Tipps ganz besonders:
- Das Knie unbedingt beim Aufkommen vorne auf dem Boden leicht gebeugt halten! Das wird Sie zu Anfang möglicherweise mehr Kraft kosten, weil die Oberschenkelmuskulatur verstärkt arbeiten muss, aber Ihr Gelenk dankt es Ihnen! Dadurch, dass Sie Ihren gewohnten Schritt bewusst etwas kürzer halten, wird Ihnen das ganz sicher leicht gelingen.

zungen? Möglicherweise schmerzt auch Ihre Hüfte. Beispielsweise, weil das Gelenk abgenutzt ist und nun wehtut. Grundsätzlich bietet Nordic Walking den ganz besonderen Vorteil, dass die unteren Extremitäten bei richtiger Technik durch

Falsch: Das Kniegelenk ist beim Aufsetzen des Fußes vorne gestreckt.

Richtig: Das Kniegelenk ist beim Aufsetzen des Fußes vorne immer leicht gebeugt.

Nordic Walking mit Handicap | Orthopädische Probleme 115

Beckenrotation nach vorne/hinten ja –
Beckenkippung nach oben/unten nein!

Achtung! Machen Sie bergab kleine Schritte.

- Sollten Sie feststellen, dass Sie stark über die Innenkante des Fußes abrollen, dann gehen Sie bitte in einen orthopädischen Fachhandel und lassen Sie die Druckbelastung Ihres Fußes am Boden messen. Möglicherweise wird Ihnen dann der Fachmann Hilfen für Ihr Fußgewölbe direkt in den Walkingschuh einbauen, die notwendig sind, um Ihr Knie nicht überzustrapazieren. Andernfalls kommt es zu Scherbelastungen für das Knie, die sowohl den Knorpel als auch das Gelenk stark abnutzen können.
- Meiden Sie steiles Bergabgehen! Gehen Sie lieber bergauf und fahren Sie, wenn vorhanden, mit der Seilbahn oder dem Bus o. Ä. wieder nach unten. Wenn es überhaupt nicht anders geht, achten Sie beim Bergabgehen darauf, dass Ihre Füße leicht nach außen gehen (ein ganz klein wenig gehen wie Charlie Chaplin) und die Knie aber unbedingt zu den Fußspitzen zeigen. Die Knie sollten nicht nach innen fallen (ein Zeichen für eine schwache Oberschenkelmuskulatur!), denn auch dann treten starke Scherbelastungen für Knie und Hüfte auf, die

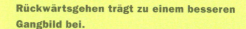

Rückwärtsgehen trägt zu einem besseren Gangbild bei.

zu verstärkten Abnutzungserscheinungen in diesen Gelenken führen.

- Walken Sie häufiger auch über unebenes Gelände! Dadurch wird Ihre muskuläre Gelenkmanschette an Knie und Hüfte (das sind die Bänder, Sehnen und Muskeln rund um die Gelenke) am effektivsten aufgebaut. Das ist nicht nur ein gutes, aber anstrengendes, Muskelaufbautraining, sondern auch Nervennahrung: Dadurch nämlich lernen alle Strukturen um die Gelenke herum, wie sie wann miteinander arbeiten sollen. Alles ist dann ein ausgewogenes und harmonisches Zusammenspiel, welches dem Gelenk zum Nutzen ist.
- Zum Abstützen in Notfallsituationen setzen Sie einfach Ihre Stöcke ein! Natürlich ist das viel anstrengender als auf ebenem Gelände zu walken. Aber es lohnt sich: Sie kräftigen genau die Muskeln, die sie brauchen, um Ihre Gelenke ausreichend zu stabilisieren.
- Achten Sie darauf, dass die Hüftgelenke immer schön auf einer Ebene bleiben und nicht beim Schritt nach vorne im Wechsel nach unten kippen – wie beim »Hüftwackeln« der Sportgeher. Das nämlich würde die Hüften stark überbelasten. Die Geher setzen ihre Füße auch direkt voreinander. Sie aber sollten die Füße hüftbreit nebeneinander aufsetzen. Ein weiterer Tipp, der Ihren Hüften zugute kommt: Drücken Sie sich bewusst vom Fußballen hinten ab. Dadurch wird ihre Gesäßmuskulatur stärker aktiviert und diese schützt ihre Hüftgelenke am meisten.
- Gehen Sie häufiger rückwärts! Schon ein paar Schritte rückwärts gehen, helfen Ihnen die Hüftgelenke auch beim Vorwärtsgehen besser zu stabilisieren. Nehmen Sie dazu die Stöcke lieber mittig gefasst in die Hände. Ansonsten laufen Sie möglicherweise Gefahr über Ihre Stöcke zu stürzen! Stützen Sie sich dabei ruhig mit den Stöcken etwas ab, um sich sicher zu fühlen. Geben Sie dabei allerdings Ihr Körpergewicht nicht allzu sehr an die Stöcke ab.

Rücken- und Schulterprobleme

Sie haben immer wieder ziehende Schmerzen im Rücken – vor allem nach langem Sitzen? Vielleicht hat auch schon mal die Bandscheibe »gezwickt«

oder der Arzt attestiert Ihnen Abnutzungserscheinungen an den Wirbelgelenken. Auch in diesem Fall bietet Nordic Walking den Vorteil, dass die Wirbelsäule durch den Stockeinsatz sehr viel weniger belastet wird, als wenn Sie ohne Ihre Stöcke walken würden. Entscheidend ist allerdings die richtige Technik! Außerdem ist jeder Sport, der die Rückenmuskeln schonend kräftigt, eine Wohltat für Ihren Rücken.

Worauf Sie achten müssen

Wenn Sie Rückenprobleme haben, ist es wichtig, dass Sie die Basisübung zur Stabilisierung der Wirbelsäule (siehe Seite 111) vor dem Nordic Walking und auch zwischendurch immer mal wieder durchführen. Besonders sinnvoll ist es, wenn Sie die Übung auch während des Tages häufiger machen. Integrieren Sie sie hin und wieder in Ihren Alltag. Dadurch werden die tief liegenden Rücken- und Bauchmuskeln angesprochen, die direkt zur Stabilisierung und Absicherung Ihrer Wirbelsäule beitragen. Dann brauchen Sie auch keine Angst vor irgendwelchen Rotationen und Drehbewegungen zu haben. Diese Muskeln übernehmen die Aufgabe, Ihnen diese Bewegungen ohne Schäden zu ermöglichen.

Um die Bewegung korrekt auszuführen, sollten Sie außerdem auf ein paar wesentliche Komponenten achten:

- Halten Sie das Knie vorne beim Aufkommen auf dem Boden unbedingt gebeugt (siehe Seite 26). Ansonsten kommt es schlimmstenfalls zu Stauchungen an der Wirbelsäule und den Iliosakralgelenken. Das sind die Gelenke zwischen Becken und Wirbelsäule. Eine mögliche Folge dieser Fehlhaltung sind Blockaden der Wirbelgelenke.
- Machen Sie eher kleine Schritte, sodass sich Ihr Körperschwerpunkt immer gut im Lot befindet. Der Oberkörper ist aufrecht und wird nur bei Steigungen leicht nach vorne gelehnt. In keinem Falle sollten Sie mit Ihrem Oberkörper sozusagen hinter Ihren Beinen herlaufen, also ins Hohlkreuz fallen. Besonders Schwangere sind dafür sehr anfällig.
- Lassen Sie Bewegung im Oberkörper zu, denn Bewegung bedeutet Stoffwechsel und weniger Entzündungsprozesse. Denken Sie daran: Linkes

Ein korrekter Bewegungsablauf: Becken- und Schulterachse rotieren beim Nordic Walking gegeneinander.

Richten Sie sich durch einen bewussten Armschwung nach hinten auf.

Schultergelenk und rechtes Hüftgelenk arbeiten zusammen, d.h. beide Gelenke werden gleichzeitig in dieselbe Richtung bewegt. Diese Minirotation, die dadurch im Rumpfbereich entsteht, ist der reinste Balsam für Ihre Bandscheiben und die Wirbelsäule.

- Immer wieder hört man, dass mit Nordic Walking Verspannungen im Schulter- und Nackenbereich gelöst werden. Das ist nur dann richtig, wenn Sie auf die richtige Technik beim Armschwung und beim Schultereinsatz achten. Richten Sie besonderes Augenmerk auf den Armschwung nach hinten. Er ist wichtig für die Aufrichtung des Rückens und für die Halswirbelsäule! Ein zu hoher Armschwung nach vorne und vor allem das Einsetzen des Stockes vor dem Körper führt zu einer Mehrbelastung für den Rücken und die Halswirbelsäule.

- Vorsicht beim Stockeinsatz: Beim Druck des Stockes in den Boden sollten Sie Ihre Schultern nach unten in Richtung zum Boden ziehen und Ihr Brustbein nach vorne/oben anheben. Machen Sie sich immer wieder das Abwärtsziehen der Schulterblätter bewusst. Falsch wäre es, wenn Sie mit zunehmendem Druck auf den Boden die Schultern hochziehen und den Rücken runden würden. Die Folge: Sie trainieren nicht nur die falschen Muskeln – auch Verspannungen nehmen zu. Haben Sie Nackenverspannungen und Halswirbelsäulen-Probleme und Schwierigkeiten, dies umzusetzen, raten wir, die Stöcke erst einmal beiseite zu legen und diesen Tipp beim Walken ohne Stöcke umzusetzen. Sie haben für Ihre Verspannungen langfristig mehr davon, die richtige Technik zu erlernen und ohne Stöcke ist das sicher leichter!

Schulter- und Ellbogenprobleme

Bei Schulter- und Ellbogenbeschwerden kann es anfangs günstiger für Sie sein, ohne Stöcke zu walken. Warum? Diese Beschwerden können verschiedenste Ursachen haben und müssten selbstverständlich von einem Arzt oder Therapeuten abgeklärt werden. Eine dieser Ursachen kann zum Beispiel die nicht funktionelle Überbelastung bestimmter Muskelgruppen sein. Sitzen Sie im Beruf viel? Arbeiten Sie auch viel am Computer? Dann werden Sie in Ihrer Brustmuskulatur möglicherweise Beweglichkeitseinschränkungen vorliegen haben. Ihre Brustmuskulatur wird von Ihnen im Alltag immer verkürzt benutzt. Da beim Nordic Walken die Brustmuskulatur ebenfalls eher unter Spannung gerät, als dass sie gedehnt wird, kann es sein, dass Ihre Beschwerden eher zu- als abnehmen. Dann ist es an der Zeit, dass Sie unbedingt das schwungvollere und unbelastetere Walken mit intensivem Armeinsatz aber ohne Stöcke probieren. Erst wenn Sie merken, dass Ihnen die schwungvolle Armbewegung gut tut, versuchen Sie sich wieder langsam an den Stöcken und achten dabei auf die von uns beschriebene Technik des Arm- und Schulterblatteinsatzes (siehe Seite 29). Achten Sie speziell darauf, dass Sie nur auf weichem Boden walken, am besten auf Gras. Dann sind die Vibrationen durch die Stöcke am geringsten. Sollten Sie aber empfindlich im Ellbogenbereich sein, dann raten wir Ihnen zum Walken ohne Stöcke.

Das lockere Schwingen löst Schulterverspannungen.

Bleiben Sie auch mit Stöcken locker im Schulter- und Armbereich.

Nordic Walking für Rheumatiker

Vor Beginn des Nordic-Walking-Trainings sollten Sie als Rheumatiker Ihren körperlichen Zustand vor allem hinsichtlich der aktuellen entzündlichen Aktvität des Krankheitsprozesses vom Arzt erfassen lassen. Sollten Sie sich in einem akuten Schub befinden, aber dennoch gerne Nordic Walken wollen, dann achten Sie auf Folgendes:

- Meiden Sie Bergab-Strecken. Suchen Sie sich ebene Wege.
- Ziehen Sie sich wärmer an, denn die Gefahr von Verletzungen ist bei niedriger Körpertemperatur stark erhöht. Eine eher etwas üppigere Kleidung ist während eines akuten Schubes von Vorteil.
- Bei stark akuten entzündlichen Prozessen, in deren Verlauf das Gelenk heiß wird und sich rötet, sollten Sie lieber nicht Nordic Walken.
- Sie sollten auch dann aufs Training verzichten, wenn Sie während des Nordic Walkens erhebliche Schmerzen haben.
- Auch als Endoprothesen-Träger/in (ob Hüfte oder Knie) können Sie durchaus Nordic Walken.
- Die Einnahme von Rheumamedikamenten beeinflusst die Teilnahme am Nordic Walking nicht.
- Vermeiden Sie zu hohe Intensitäten und übertreiben Sie auch die Dauerbelastung nicht! Lieber nicht so lange, aber dafür häufiger walken.

Nordic Walking bei Arthrose

Auch für Rheumatiker muss das Wetter keine Rolle spielen.

Von den degenerativen Erkrankungen wie der Arthrose sind am häufigsten die Hüft- und Kniegelenke betroffen. Aber auch Wirbelgelenkarthrosen kommen recht häufig vor. Wenn eine dieser Erkrankungen bei Ihnen vorliegt, dürfen Sie trotzdem walken und Nordic Walken, sofern keine Entzündungen und zusätzlichen Schmerzen auftreten. Möglicherweise sollten Sie auf eine entsprechende Bandage oder Orthese beim Nordic Walken zurückgreifen, um das erkrankte Gelenk bewusst zu stabilisieren.

Sie sollten selbstverständlich keine Sprünge ausführen. Ob Sie mit Hilfe der Stöcke joggen können, müssen Sie von Ihrem pesönlichen Krankheitsbild und der Anweisung des Arztes abhängig machen. Während beim Walking (bei einer Geschwindigkeit von 5 bis 7 km/h) etwa nur das 1,5fache des Körpergewichts auf Hüft- und Kniegelenk lastet, sind es beim Joggen (Geschwindigkeit von ca. 9 bis 12 km/h) deutlich höhere Belastungen auf den tragenden Gelenken (z. T. bis zum 8fachen des Körpergewichts).

Nordic Walking bei chronisch entzündlichen Erkrankungen

Falls Sie eine chronische Polyarthritis haben, dürfen Sie – außer in einem akuten Schub – Nordic Walken, wenn Sie das vorher mit Ihrem Arzt abgeklärt haben. Sie sollten allerdings darauf achten, dass die Walking-Schuhe gegebenenfalls individuell mit weichen Schuheinlagen, Luftkammern und Pufferabsätzen ausgestattet sind.
Bei einem Morbus Bechterew ist darauf zu achten, dass Sie keine ausgesprochenen Intensitätswechsel vornehmen. Walken Sie besonders bei Bergauf-Phasen mit reduzierter Geschwindigkeit.

Nordic Walking bei Stoffwechselerkrankungen

Gerade bei der Indikation »Osteoporose« bietet sich Nordic Walking an:
Die Knochenmasse kann stabilisiert, wenn nicht sogar verbessert werden und der Knochenstoffwechsel und die Knochenarchitektur werden positiv beeinflusst und dennoch werden die Gelenke durch den Abstützeffekt der Stöcke geschont. Versuchen Sie aber immer wieder auch streckenweise ohne die Stöcke zu walken (schwingen Sie sie einfach locker an der Seite mit). Denn dadurch verbessern Sie Ihr Gleichgewichtsvermögen und die Gefahr zu stürzen, verringert sich. Zu empfehlen sind auch so genannte »Safehips« – eine Unterhose mit eingebauten Schutzschalen an den Hüftgelenken. Sie hat sich als ideales Mittel zur Vorbeugung von Schenkelhalsbrüchen erwiesen. Nordic Walking mit der Stoffwechselerkrankung »Gicht« kann uneingeschränkt empfohlen werden. Während eines Gichtanfalls sollten Sie allerdings auf Nordic Walking verzichten. Erst nach Abklingen der Entzündung kann wieder gewalkt werden. Sind die Fingergelenke betroffen, achten Sie darauf, Hände und Finger immer wieder zu entkrampfen und zu lockern. Besonders das Lösen der Finger vom Stock beim Ausschwung nach hinten ist wichtig.

Nordic Walking bei Fibromyalgie

Die Bewegungsfähigkeit eines Rheumatikers hängt in allen Erkrankungsstadien von der Aktivität des Krankheitsprozesses ab. In Phasen hoher Krankheitsaktivität kommt es zu belastungsabhängigen Schmerzen in Gelenken und Muskeln. Aber auch Herz, Lunge und der periphere Kreislauf schränken die körperliche Leistungsfähigkeit in den so genannten »Rheumaschüben« stark ein. Bisher geht man davon aus, dass körperliche Aktivität in dieser Phase das Ausmaß destruktiver Gelenkprozesse erhöht. Deshalb sollten Sie während einer »schlechten« körperlichen Phase auf Nordic Walking verzichten. Nordic Walking ist für Fibromyalgie-Patienten auf jeden Fall dann empfehlenswert, wenn keine Schmerzen bei der Bewegung des Nordic Walkens selbst auftreten. Besonders gut ist diese Sportart für sie auch deshalb, weil der Sport psychisch gut tut und sie sich nach dem Training an der frischen Luft einfach wohler fühlen. Probieren Sie es aus!

Nordic Walking mit internistischen Problemen

Das wohl schwerwiegendste internistische Problem ist der Herzinfarkt. Bei Herzproblemen und natürlich nach einem Herzinfarkt ist es unbedingt notwendig, **ärztlich kontrollierten** Ausdauersport zu betreiben. Nordic Walking ist dafür eine ideale Bewegung. Es gibt an vielen Orten eingerichtete »Herzsportgruppen«, denen Sie sich jederzeit anschließen können. Wenn Sie lieber alleine walken, sollten Sie jedoch auf gar keinen Fall ohne Absprache mit Ihrem behandelnden Arzt damit anfangen. Er ist der richtige Ansprechpartner, wenn es um Nordic Walking bei Herzproblemen geht. Möglicherweise empfiehlt er Ihnen eine Trainingspulsfrequenz, mit der Sie trainieren können, die Sie aber auch nicht überschreiten sollten.
Ein recht häufig vorkommendes internistisches Problem ist der Bluthochdruck. So werden nicht wenig blutdruckregulierende Medikamente einge-

nommen, die möglicherweise reduziert werden könnten oder gar nicht erst notwendig wären, wenn ein entsprechendes Ausdauertraining die blutdruckregulierende Wirkung übernehmen würde.

Aber auch der niedrige Blutdruck macht so manchem Schwierigkeiten. Beim morgendlichen Aufstehen oder Bücken zeigt sich niedriger Blutdruck in Schwindelgefühlen, die sich auf das allgemeine Wohlbefinden negativ auswirken. Der niedrige Blutdruck ist jedoch weitaus weniger problematisch als der hohe Blutdruck. Mit dem Nordic-Walking-Training können Sie Ihren niedrigen Blutdruck in den Griff bekommen, weil die Blutdruckregulation stabilisiert wird.

Welchen Beitrag kann Nordic Walking dazu leisten? Durch das Nordic-Walking-Training verbessern Sie Ihr Blutgefäß-Netzwerk: Es werden neue kleinste Blutgefäße (Kapillaren) gebildet. Die bereits vorhandenen Kapillaren vergrößern ihren Durchmesser. Außerdem öffnen sich bei Sportlern mehr Kapillaren gleichzeitig. Die Folge: Der Blutstrom fließt wesentlich entspannter, der Blutdruck nimmt ab. Nordic Walking ist also ein regelrechtes Gefäß- und Venentraining.

Auch, wenn Sie Krampfadern haben, tragen Sie durch Nordic Walking zur Vorsorge bei. Denn, wer regelmäßig walkt, reduziert das Risiko, mit einer Beinvenenthrombose im Krankenhaus zu landen. Machen Sie nicht den Fehler und unterschätzen Sie Ihre Krampfadern. Sie können das Vorstadium einer schwer wiegenderen Erkrankung sein, wie einer Thrombose oder im schlimmsten Fall sogar einer Lungenembolie.

Worauf Sie achten müssen
Abhängig von den jeweiligen Beschwerden sollten Sie folgende Hinweise beachten.

Bei zu niedrigem Blutdruck
Bewegen Sie sich zu Anfang Ihrer Nordic-Walking-Einheit 5 Minuten auf der Stelle. Betätigen Sie Ihre Muskelpumpe in den Waden, indem Sie auf der Stelle gehen, steigen, laufen und beginnen Sie dann entsprechend dem Trainingsplan zur Gesunderhaltung Ihr Nordic-Walking-Training.
Im Anschluss an Ihr Training bleiben Sie nicht abrupt stehen und setzen Sie sich auch nicht sofort

Eine Übung, um die Muskelpumpe anzuregen.

Tipp

Bei zu hohem Blutdruck:

Falls Sie Medikamente nehmen, die Ihren Blutdruck regulieren sollen, fragen Sie erst Ihren Arzt, mit welcher Herzfrequenz Sie trainieren dürfen. Achten Sie während des Nordic Walkens darauf, dass Sie sich nur so belasten, dass Sie sich auf jeden Fall noch bequem unterhalten können und nicht aus der Puste kommen. Seien Sie vorsichtig bei Steigungen und bei Kräftigungsübungen während Ihres Trainings: Halten Sie nie die Luft an und pressen Sie den Atem nicht! Dadurch würde sich der Blutdruck zusätzlich unnötig erhöhen.

hin, sondern schleichen Sie sich langsam gehend aus Ihrem Training raus.

Bei Krampfadern und austherapierten Thrombosen

Auch wenn Sie blutverdünnende Medikamente (zum Beispiel Marcumar) zu sich nehmen müssen, spricht nach Absprache mit dem Arzt, nichts gegen Nordic Walking. Im Gegenteil, meistens können Sie Ihre Beschwerden dadurch zusehends lindern. Liegen allerdings noch akute entzündliche Prozesse vor, kann es sein, dass Ihr Arzt Ihnen noch zu einer Pause rät. Wenn Sie dann aber mit Nordic Walking beginnen, achten Sie darauf, dass Sie immer wieder ganz bewusst die Sprunggelenke einsetzen.

Durch den extremen Einsatz dieser Gelenke und dem damit verbundenen intensiven Abrollen des Fußes, pumpen Sie Ihr Blut am wirkungsvollsten aus den untersten Gefäßen nach oben. Dadurch entlasten Sie Ihre Venen und das Gewebe ganz besonders. Darüber hinaus sind Sport-Stützstrümpfe in Kniestrumpfhöhe und spezielle Veneneinlagen im Schuh (z.B. Venopeds von Ganzoni) zu empfehlen. Diese medizinischen Hilfsmittel führen zu einer spürbaren Erleichterung Ihrer Beschwerden und lassen Sie länger walken.

Nordic Walking bei Unsicherheiten im Gang

Fühlen Sie sich manchmal ganz unsicher auf Ihren Beinen? Wird Ihnen manchmal schwindelig? Haben Sie das Gefühl, keine Kraft mehr in den Beinen zu haben?

Dann sollten Sie nicht den Fehler machen und sich aus Angst zu fallen, immer weniger zu bewegen. Im Gegenteil – Sie brauchen Aktivität und Bewegung, damit Sie nicht immer unsicherer werden. Mit Nordic Walking entscheiden Sie sich für eine Bewegung, die Sie einerseits kräftigt und wieder fit macht und die Ihnen andererseits so viel Sicherheit bietet, dass Sie es wagen können, die Landschaft um sich herum zu erobern. Hier zwei wichtige Tipps, die Ihnen helfen, sicher mit Ihren Stöcken zu walken:

1. Tipp

Solange Sie vor allem das Gefühl des Schwindels und der plötzlichen Schwäche haben, gehen Sie niemals alleine. Nehmen Sie besser immer ein Handy mit! Bleiben Sie unbedingt in Gegenden, die auch von Spaziergängern frequentiert werden. Falls Sie sich in fremder Umgebung aufhalten, erkundigen Sie sich, wo Sie Nordic Walking machen können, damit Sie im Notfall beschreiben können, wo Sie sich befinden.

2. Tipp

Wenn Sie sich beim Gehen unsicher fühlen, ist es sinnvoll, sich durch das Walken mit Stöcken wieder mehr Sicherheit zu verschaffen. Trotzdem: Probieren Sie immer wieder streckenweise, die Stöcke in der Mitte zu fassen, locker mitzuschwingen und ohne Stockeinsatz am Boden zu walken. So kann Ihr Nervensystem die Regulation Ihres Ganges mit der Zeit wiederherstellen. Damit gewinnen Sie die Sicherheit und auch die Unabhängigkeit von den Stöcken zurück.

Schwanger? Machen Sie sich fit für Ihr Baby!

Sie sind schwanger? Sie wollen sich bewegen – trotzdem oder vielleicht sogar gerade deshalb? Probieren Sie es mit Nordic Walking. Das Gehen mit Stöcken ist ein optimaler Sport für Schwangere. Nordic Walking schont Muskeln, Bänder und Gelenke. Diese werden während der Schwangerschaft durch die Gewichtszunahme bereits genug strapaziert und sollten durch Sport nicht noch zusätzlich belastet werden. Auf der anderen Seite verbessert Nordic Walking nachweislich die Sauerstoffversorgung im Körper. Und das ist für Schwangere besonders wichtig, weil das ungeborene Kind ausreichend mit Sauerstoff versorgt werden muss. Hinzu kommt, dass durch die sanfte Bewegung Thrombosen verhindert und Wassereinlagerungen reduziert werden können. Ein weiterer Vorteil: Schwangere, die sich regelmäßig bewegen, nehmen seltener übermäßig zu. In Studien konnte nachgewiesen werden, dass Frauen, die während ihrer Schwangerschaft mode-

Schwangere machen Nordic Walking nach Lust und Laune.

raten Sport treiben, mit der Hormonumstellung besser zurechtkommen: Sie leiden seltener unter schwangerschaftbedingten Ängsten und Depressionen, haben eine höhere Selbstachtung und weniger körperliche Unannehmlichkeiten als nicht aktive Frauen. Der veränderte Hormonstatus während der Schwangerschaft bringt viele Frauen aus der Balance. Sport scheint eine gute Möglichkeit zu sein, um das seelische Gleichgewicht beizubehalten.

Doch nicht jeder Sport eignet sich für Frauen mit Babybauch. Wenn der Sport zu anstrengend ist, wenn Sie Kontakt mit einem Gegner haben (wie bei Ball- und Kampfsportarten) oder das Risiko eines Sturzes besteht (Skilaufen, Reiten), dann sollten Sie diese Bewegung besser auf die Zeit nach der Schwangerschaft verschieben.

Nordic Walking dagegen ist ideal für Schwangere. Die Bewegung ist sanft und weich. Das Baby ist keinen unsanften Stößen ausgesetzt. Und – beim Nordic Walking können Sie Ihr Tempo und Ihre Trainingsintensität sehr gut selbst Ihrem veränderten Zustand anpassen: Einfach etwas langsamer und lockerer walken als sonst.

Nordic Walking für Schwangere

Wenn Sie diese Tipps beherzigen, können Sie Nordic Walking auch während der Schwangerschaft in vollen Zügen genießen:

- Bevor Sie loslegen – lassen Sie sich von Ihrem Gynäkologen beraten, ob es Kontraindikationen gibt, die Sie zwingen könnten, sich während der Schwangerschaft besser nicht zu bewegen.
- Übertreiben Sie nicht! Jetzt ist sanftes Training angesagt. Wenn Sie zu intensiv trainieren, könnten Sie Ihrem Baby schaden. Lassen Sie es lie-

ber nicht darauf ankommen! Finden Sie Ihr eigenes Wellness-Tempo.

- Reduzieren Sie die Trainingsdauer: Sie müssen nicht mehr ganz so lange unterwegs sein wie vor Ihrer Schwangerschaft. 20 bis 30 Minuten reichen aus. Wenn Sie ein gutes Gefühl dabei haben, können Sie auch bis zu einer Stunde walken – allerdings nur im Wohlfühl-Tempo.
- Vermeiden Sie die Bewegung in der heißen und prallen Sonne. Nutzen Sie im Sommer die kühle Morgenluft oder walken Sie abends erst los, wenn es abgekühlt ist.
- Trinken Sie genug – sowohl vor, als auch während und nach dem Walken.
- Machen Sie ruhig mal eine Pause mehr als sonst, wenn Sie außer Atem kommen.
- Nach jeder Tour brauchen Sie eine ausreichende Regenerationszeit. Achten Sie darauf, dass Ihr Körper zwischen zwei Touren genügend Zeit hat, sich wieder zu erholen.
- Tragen Sie gut gedämpfte Schuhe. Sie sind nun etwas schwerer als sonst. Das ist wichtig für Ihre Gelenke und für den Rücken.
- Vermeiden Sie Strecken, bei denen es steil bergauf geht. Das kann schnell zu anstrengend werden und muss nicht sein.
- Walken Sie nicht auf unebenen Böden mit viel Geröll und Steinen oder auf Böden, auf denen Sie ausrutschen, schnell umknicken oder hinfallen könnten.

Nordic Walking ist ein idealer Schwangerschaftssport. Trotzdem gibt es Frauen, die während Ihrer Schwangerschaft sogar auf diese sanfte Bewegung verzichten sollten. Sprechen Sie mit Ihrem Gynäkologen, ob wegen einer Risikoschwangerschaft Bewegung für Sie prinzipiell tabu ist.

Literatur

Bös, K., Tiemann, M., Brehm, W., Mommert-Jauch, P.: Walking und mehr – Schritt für Schritt zur besseren Fitness. Meyer&Meyer, Aachen 2003.

Mommert-Jauch, Petra: Körperwahrnehmung und Schmerzbewältigung. Springer Verlag, Heidelberg 2000

Regelin, Petra: Bodyforming. Workouts für eine straffe Figur. Gräfe und Unzer Verlag, München 2003

Regelin, Petra: Stretching. Die besten Übungsprogramme für elastische Muskeln und einen schönen Body. Gräfe und Unzer Verlag, München 2003

Regelin, Petra, Pittroff, Uschka, Niemann, Christina: Wellness. Die besten Ideen und Rezepte für die Wohlfühl-Oase zu Hause. Gräfe und Unzer Verlag, München 2003

Register

Abrollbewegung 26
Adrenalin 19
Alkohol 61, 89, 90
Alltagsdrogen 69
Ältere Menschen 11, 16
Alterung 18, 19
Anfänger 10
Anstrengungsempfinden 52
Anti-Aging 18
Antioxidanzien 17
Armeinsatz 29
Armhebe-Muskel 68
Arterienverkalkung 19
Arteriosklerose 70
Arthrose 15, 119
Atemrhythmus 84
Atemübung 81
Atmung 84
Aufwärmen 83
Ausdauer 9
Ausdauerleistung 54
Ausdauersport 13, 14, 70, 120
Ausdauertraining 17, 54, 55, 56
Ausgangspuls 50, 51
Ausrüstung 39 ff.

Bandscheiben 15, 16
Bein, dominantes 27
Beinlängendifferenz 28, 45
Belastungsintensität 50, 54, 57, 62
Belastungspuls 46, 51, 52, 58, 67, 73, 94
Bergab 34, 115
Bewegungsablauf 21
Bewegungsmangel 69, 70
Bizeps 68
Blasen 91
Blutdruck 70
Blutdruck, niedriger 121
Blutgerinnung 70
Bluthochdruck 14, 69, 120, 122
Blutzuckerspiegel 59
Body-forming 9
Brustmuskulatur 68

Cholesterin 57, 59, 61, 69, 70
Chronisch entzündliche Erkrankungen 120
Cool-down 84
Cortisol 19
Crash-Diäten 58

Dämpfung 43, 124
Dehnen 83, 95 ff.
  Arme 105
  Beinrückseite 97
  Brustmuskeln 101
  bewegtes (intermittierndes) 96
  gehaltenes (statisches) 96
  Halsmuskeln 104
  Hüftbeuger 98
  Körperseite 102
  Nacken 104
  Oberschenkel vorne 98

Po 99
  Rücken 100
  Schultern 103
  Waden 97
Depotfett 60
DHEA 18, 19
Diabetes 70
Diät 58, 61
Doppelstockeinsatz 66
Durchblutung 88

Eiweiß 59, 60
Ellbogenprobleme 118
Energiebereitstellung 53
Energiebilanz 58
Energiegewinnung 55
Energiespeicher 53
Energieumsatz 67
Energy-Drinks 90
Entspannung 75, 76
Erholungspuls 50, 51
Esspausen 58

Fatburning 53 ff.
Fett 53, 54, 56, 59, 60
Fettabbau 53, 57, 60
Fettdepot 53, 54, 57
Fettsäuren 59, 61, 70
Fettstoffwechsel 57
Fettstoffwechselaktivität 54
Fettstoffwechseltraining 57
Fettverbrennung 9, 53, 54, 57
Fettzellen 59
Fibrinogen 70
Fibromyalgie 120
Flüssigkeitsverluste 88
Flüssigkeitszufuhr 88
Fortgeschrittene 10
Freie Radikale 17
Fruchtsaft 89

Gangunsicherheit 122
Ganzkörpertraining 9, 13
Gefäßprobleme 89
Gehschule 25 ff.
Gelände 33
Gelenkbeweglichkeit 95
Gelenke 15, 17
Gelenkprobleme 10, 68, 113, 114
Gesamtenergieverbrauch 55
Geschichte 11
Geschlechtshormone 19
Gesunderhaltung 72
Gewichtsreduktion 10, 51, 53, 56, 57, 58
Gicht 120
Glukose 54
Glykogen 53
Grenzbelastung 67
Griff 41 f.
Griffschlaufe 41 f.
Grundumsatz 57
Gurte 47

Handschlaufen 28, 32, 41 f.
Handschuhe 47
Harnausscheidung 88

Herz 13
Herzfrequenz 13, 51, 67
Herzfrequenz, maximale 51, 55, 73
Herzfrequenz-Messgeräte 50
Herzinfarkt 70, 120
Herz-Kreislauf-Erkrankungen 73
Herz-Kreislauf-Probleme 11, 120
Herz-Kreislauf-Training 14
Herzsportgruppen 120
Hexenschuss 16
Hohlfuß 44
Hüftgelenkprobleme 113, 114

Immunabwehr 57
Immunsystem 16, 67, 69
Intensivtraining 62
Internistische Probleme 120 ff.

Joggingschuhe 43
Jo-Jo-Effekt 58

Kaffee 89, 90
Kalorienumsatz 62
Kalorienverbrauch 9, 55, 57, 58, 67, 73
Kalorienzufuhr 58
Klopfmassage 77
Knie, gestrecktes 26
Kniebewegung 27
Knochenbrüchigkeit 17
Knochenmasse 17, 120
Knochenstoffwechsel 120
Knorpel 15
Kohlenhydrate 53, 54, 55, 57, 59, 60, 89
Kohlensäure 89
Körpertemperatur 88
Kräftigungsübungen (s. Muskeltraining)
Kreislauf 13

Light-Getränke 90
Limonade 90

Magnesium 92
Meditation 74
Melatonin 18, 19
Metabolische Einheit (MET) 55, 72, 73
Milchsäure 88
Mineralgehalt 89
Mineralwasser 89
Mitochondrien 14
Morbus Bechterew 120
Motivation 86
Muskelabbau 28
Muskelaufbau 15
Muskelkater 90
Muskelkrampf 91
Muskeln 14, 17
Muskelstoffwechsel 15
Muskeltraining 9, 15, 19, 106 ff.
  Bauch 110, 111
  Hüfte 107
  Oberarme 109
  Oberschenkelaußenseite 107
  Oberschenkelinnenseite 108

Oberschenkel vorne 106
Po 108
Rücken 108, 110, 111
Schultern 108
Trizeps 109
Wirbelsäule 111
Muskelverspannungen 95

Natrium 89
Noradrenalin 19

Orthese 119
Orthopädische Probleme 113 ff.
Osteoporose 17, 19, 120

Pad 40
Polyarthritis 120
Power-Sport 57
Power-Training 62 ff.
Pronationsstütze 44
Pronierer 43
Pulsmessung 50, 52
Pulsuhr 46

Qi Gong 76, 77
Atemübung 81
Beine lockern 81
Bogen spannen 80
Dreieck 82
Fliegen wie die Wildgans 79
Klopfmassage 77
Schultern lockern 79
Waden- und Brust-Stretch 82
Wecke das Qi 79

Radikale, freie 17
Rauchen 69
Regeneration 95, 124
Rheuma 119, 120
Risiko-Check 49
Risikofaktoren 69, 70, 71
Rolltraben 63
Rückenmuskel 68
Rückenprobleme 15, 116
Rückenschmerzen 16
Ruhepuls 50, 51

Sauerstoff 74
Sauerstoffaufnahme 67
Schienbeinprobleme 25
Schlackenstoffe 95
Schlaflosigkeit 19
Schlaganfall 70
Schrittlänge 29, 30, 64, 65
Schuhe 43 f.
Dämpfung 43, 124
Schuhkauf 44
Schulterblätter 31
Schulter-Nacken-Probleme 24
Schulterprobleme 116, 118
Schwangerschaft 10, 123 f.
Schweißmenge 88
Seitenstechen 91
Senkfuß 44
Serotonin 19
Skoliose 28
Somatotropin 19
Sportkleidung 45
Sportlergetränke 90
Sprunglauf 65
Steigungen 33
Stock-Bein-Koordination 28
Stöcke 39
Stockeinsatz 9, 10, 13, 24, 29, 32, 66
Stocklänge 40, 41
Ellbogenwinkel 41
Stockspitze 39, 40
Stoffwechselendprodukte 84, 95
Stoffwechselerkrankungen 120
Stress 10, 16, 70, 74, 76
Stressabbau 18
Stresshormone 19, 69, 70
Stretchen (s.a. Dehnen) 95 ff.
Supinierer 43

Taschen 47
Technik
Arme 29 f., 37
Augen 37
Becken 35
Fuß 25, 34
Gelände 33
Hände 37

Hüfte 35
Knie 26, 34
Kopf 37
Oberkörper 35
Schultern 31, 37
Stöcke 28, 29, 32, 37
Zeitlupe 22
Zeitraffer 34
Tee 90
Teleskop-Stöcke 39
Testosteron 18, 19
Trainingsbereich, optimaler 57
Trainingsdauer 124
Trainingsintensität 124
Trainingssteuerung 50
Traubenzucker 53, 54
Trinken 88 ff., 124
Trizeps 68

Übergewicht 69, 70
Überlastungssymptome 72
Unterhautfettgewebe 53

Venenleiden 70
Verspannungen 10, 17

Wachstumshormone 19
Walking 13
Walkingschuhe 45
Warm-up 83
Wasser 61, 88, 89
Wassereinlagerung 123
Wassermangel 88
Wasserreserven 88
Wellness 9, 124
Wetter 87
Wirbelsäule 14, 15, 17
Woggen 65

Yoga 76

Zellulite 15
Zielgruppe 10
Zubehör 46 f.

Die Autorinnen

Petra Regelin ist Diplom-Sportlehrerin, Journalistin und Autorin. Sie arbeitet hauptberuflich als Referentin für Freizeit- und Gesundheitssport des Deutschen Turnerbundes und schreibt als Freie Journalistin für Zeitschriften wie BRIGITTE und VITAL. Als Entwicklerin neuer Fitness-Programme hat sie sich bundesweit einen Namen gemacht: Nordic Walking, TaiChi Aerobic, Wellness-Jogging, Balance-Aerobic, Power-Jogging.

Petra Mommert-Jauch ist Diplom-Sportlehrerin und Autorin. Sie promoviert im Bereich Gesundheitswissenschaften. Sie ist Lehrbeauftragte der Universität Karlsruhe und Geschäftsführerin des Deutschen Walking Instituts. Im eigenen Institut für Sport und Rehabilitation arbeitet sie im präventiven und therapeutischen Bereich. Die Autorin ist durch die Konzeption neuer Gesundheitsprogramme sowie als Aus- und Fortbildungsreferentin eine national und international bekannte Fachfrau.

Bibliografische Information Der Deutschen Bibliothek
Die Deutsche Bibliothek verzeichnet diese Publikation in der
Deutschen Nationalbibliografie; detaillierte bibliografische Daten
sind im Internet über htp://dnb.ddb.de abrufbar

BLV Verlagsgesellschaft mbH
München Wien Zürich
80797 München

© 2004 BLV Verlagsgesellschaft mbH, München

Das Werk einschließlich aller seiner Teile ist urheberrechtlich geschützt. Jede Verwertung außerhalb der
engen Grenzen des Urheberrechtsgesetzes ist ohne Zustimmung des Verlags unzulässig und strafbar.
Das gilt insbesondere für Vervielfältigungen, Übersetzungen, Mikroverfilmungen und die Einspeicherung
und Verarbeitung in elektronischen Systemen.

Bildnachweis
Alle Fotos von Ulli Seer außer: Bauerfeind Orthopädie: S. 114 oben; Exel GmbH: S. 2/3, 4 Mitte, 6 oben,
9, 11, 72, 73, 84, 86; Gonso Sportmoden: S. 4 unten, 13, 14, 16, 92, 119; Komperdell GmbH: S. 56;
Maier Sports GmbH: S. 20; Widmann, Peter: S. 53, 68; Polar GmbH: S. 71.

exel

Exel GmbH, Meisenstr. 3, 83101 Rohrdorf/Thansau
Tel.: 0049 8031-2745-110 · Fax: 0049 8031-2745-318
www.exelsports.net · E-Mail: info@exel-d.de
Der Kauf der Stöcke ist nur über den Fachhandel möglich.
Wir danken der Firma exel GmbH für die freundliche Unterstützung der Fotoproduktion.

Grafik: Jörg Mair

Umschlaggestaltung: Joko Sander Werbeagentur, München
Umschlagfotos: Umschlagvorderseite: Ulli Seer
                Umschlagrückseite: Ulli Seer
Lektorat: Dr. Christa Söhl
Herstellung: Angelika Tröger
Layoutkonzept Innenteil: Sabine Fuchs, München
Layout und Satz: Uhl + Massopust, Aalen
Reproduktionen: Lithotronic Media GmbH, Frankfurt/M.

Gedruckt auf chlorfrei gebleichtem Papier

Printed in Germany · ISBN 3-405-16720-5

Hinweis
Das vorliegende Buch wurde sorgfältig erarbeitet. Dennoch erfolgen
alle Angaben ohne Gewähr. Weder Autoren noch Verlag können für
eventuelle Nachteile oder Schäden, die aus den im Buch vorgestell-
ten Informationen resultieren, eine Haftung übernehmen.

Know-how für die Trainingspraxis

Carolin Schricker /
Dr. med. Walter Eichinger /
Prof. Dr. med. Rüdiger Lange
Walking
Walking für verschiedene Zielgruppen, sportmedizinische Grundlagen, Training, Technik; Variationen – z. B. Nordic-, Aqua- und Power-Walking; Ausrüstung und Ernährung.

BLV Sportpraxis Top
Urs Gerig
Richtig Walking
Wirkung des schnellen Gehens, Ausrüstung, Walking-Technik, Training, Heilung durch Bewegung, gesundheitsorientierter Lebensstil, Aufbau eines Walking-Treffs.

blv coach
Urs Gerig
Walken: Technik
Die gelenkschonende Art, in Bewegung zu kommen: Walking-Technik, Körperhaltung, Bewegungsablauf, Trainingsintensität, Walking-Variationen, Fitnesstest.

Joachim Stall / Matthias Klumpp
GO – Laufen mit Musik
Empfohlen von Sportmedizinern der Laufszene: Laufen mit Musik, deren Rhythmus auf die individuelle Schrittzahl des Läufers abgestimmt ist; Grundlagen und Trainingspläne für verschiedene Läufertypen.

Samantha Murphy
Lauf-Guide speziell für Frauen
Für Einsteigerinnen und fortgeschrittene Läuferinnen: Laufen für die Gesundheit, als Herausforderung, zum Spaß, für die Fitness, zum Ausgleich, zum Abnehmen, gegen den Stress, fürs Selbstvertrauen, zum Abschalten.

Wilfried Raatz
Marathon
Laufstil, Ausrüstung, Ernährung, Laufpsychologie, Regeneration; Training: Methodik, Formen, Steuerung, Planung; die besten Marathon-Events.

BLV Sportpraxis Top
Wilfried Raatz
Richtig Marathon
Fundiertes Lauftraining bis zum Marathon – speziell für Freizeitsportler: Training, Ernährung, Regeneration, Praxistipps, Strecken, Events.

Dr. med. Thomas Wessinghage
Laufen
Neue Erkenntnisse zu Lauftechnik, Ausrüstung und Training; Laufen und Gesundheit mit aktuellen Forschungsergebnissen, Termine der wichtigsten Marathonläufe weltweit.

blv coach
Dr. med. Thomas Wessinghage
Laufen: Lauftechnik
Laufstil optimieren, Überlastungsschäden vorbeugen und die Leistungsfähigkeit verbessern; Lauf-ABC, Kräftigungsübungen.

BLV Sportpraxis Top
Franz Wöllzenmüller
Richtig Laufen
Alle wichtigen Aspekte rund ums Laufen – mit Stretching, Krafttraining und Ernährung; detaillierte Laufprogramme für verschiedene Leistungsgruppen.

Im BLV Verlag finden Sie Bücher zu den Themen: Garten und Zimmerpflanzen • Natur • Heimtiere • Jagd und Angeln • Pferde und Reiten • Sport und Fitness • Wandern und Alpinismus • Essen und Trinken

Ausführliche Informationen erhalten Sie bei:

BLV Verlagsgesellschaft mbH
Postfach 40 03 20 • 80703 München
Tel. 089 / 127 05-0 • Fax -543 • http://www.blv.de